멀리 보려면 높이 날아라

꿈을 찾는 그대에게
전하는 작은 습관

아모레퍼시픽 서경배 회장의 삶과 경영 이야기

멀리
보려면
높이
날아라

윤정연·정지현 지음

RHK
알에이치코리아

"언제나 꿈을 갖고 그 꿈을 포기하지 마세요."

– 서경배

한 걸음씩,
포기하지 않고
나아가길

누군가의 인생 이야기를 듣고 가슴이 뛴 적이 있나요?

그 사람이 지나온 삶의 몇 장면들 덕분에 내가 살아갈 삶의 힌트를 얻는 그런 경험 말입니다.

우연한 기회로 한 사람의 이야기를 듣게 되었습니다. 어떤 인생을 살 것인지, 어떻게 꿈에 도달할 수 있을지 진지한 고민에 빠져 있던 청춘의 시기에 들은 그의 이야기는 우리에게 큰 영감을 주었습니다. 그리고 '잘 살아온 사람의 이야기'를 듣는 것이 큰 행운이라는 생각을 갖게 해주었습니다.

우리는 그의 이야기를 조금 더 듣고 싶어졌습니다. 그의 삶을 이룬 조각들 안에서 반짝이는 생각과 판단의 순간들을 발견하고, 삶의 조언을 얻고 싶어졌습니다. 그리고 그의 이야기를 모아 '삶'이라는 주제로 고민하고 있을 청춘들과 함께 나누면 좋겠다고 생각했습니다.

우리가 함께 나누고 싶은 이야기의 주인공은 아모레퍼시픽그룹의 서경배 회장입니다. 대기업 회장의 살아온 이야기에서 삶의 영감을 받는다는 것이 어쩌면 생소할지도 모릅니다. 하지만 화려한 스포트라이트 뒤에 숨겨져 있던 그의 이야기를 들으면 우리가 왜 그에 대해 이야기를 나누고 싶었는지 이해할 수 있을 것입니다.

그는 회사가 문을 닫는다는 소문이 돌 정도로 어려웠던 시기에 입사해 아모레퍼시픽을 글로벌 기업으로 키워냈고, 기업 가치를 100배 이상 성장시켰습니다. 하지만 우리가 그의 이야기를 전하고자 하는 까닭은 단순히 겉으로 드러난 성과 때문은 아닙니다.

우리는 아모레퍼시픽의 오늘을 일구는 과정에서 서경배 회장이 보여준 경계가 없는 생각, 끝없는 배움과 도전에 주

목했습니다. 그가 자신의 삶과 일에서 보여준 철학과 태도
는 미래를 꿈꾸고 있는 청춘의 시절에 지향점을 잡아가는
데 분명 큰 영감을 줄 수 있다고 생각했습니다.

책을 쓰면서 우리는 서경배 회장을 비롯한 많은 사람을
만나 이야기를 듣는 것에 긴 시간을 쏟았습니다. 이 책 안
에 담긴 여러 이야기가 어쩌면 짧은 에피소드로만 보일 수
도 있지만, 그 안에서 그가 삶을 대하는 태도와 생각, 그리
고 세상을 향한 넓고 깊은 생각을 엿볼 수 있을 것입니다.

어떻게 살아야 할 것인가, 무엇을 위한 삶을 살 것인가보
다 소위 '스펙' 경쟁에 내몰린 우리 시대의 청춘이지만 여
전히 꿈꾸기를 멈추지 않고 있는 청춘이 더 많다고 믿습니
다. 그 청춘들에게 가장 나다운 삶의 방식, 그래서 스스로
한걸음씩 멋지게 내딛어갈 지혜와 용기를 얻는 데 이 책이
시사하는 바가 있으리라 믿습니다.

서경배 회장이 가장 좋아하는 말은 '가장 높이 나는 새가
가장 멀리 본다'는 〈갈매기의 꿈〉의 한 구절이라고 합니다.
이 책은 스스로 그런 삶의 자세로 끊임없이 살아온 한 인생

선배의 이야기입니다. 그 이야기들이 당신의 일과 인생에서 꿈꾸기를 멈추지 않도록 해주는 응원이 되었으면 좋겠습니다.

윤정연, 정지현

PART 1

끝없는
호기심으로

무언가를
만드는 일

"학교 다녀왔습니다."

"아저씨 안녕하세요."

서경배는 네다섯 명의 사람들에게 인사를 하고서야 집에 들어섰다. 집이 화장품 공장, 연구실과 붙어 있어 회사 직원들이 곧 식구이고, 공장은 곧 집이었다. 집 안으로 들어서자 직원들이 거실에 둘러앉아 점심을 먹고 있었다.

"경배야 너 오늘부터 방학이지? 성적표 받았냐?"

식사를 끝낸 김 반장님이 서경배의 머리를 쓰다듬으며

물었다.

"네, 선생님이 생활통지표 주셨어요."

"어디 한 번 보여줘 봐라. 우리 경배가 어떤 어린이인가 한 번 보자."

서경배가 쑥스러워하며 생활통지표를 꺼냈다.

"생활의 모든 면에 착실하게 임하며, 매우 얌전하고 공부를 열심히하는 우등생입니다."

김 반장님이 큰 소리로 글자를 따라 읽었다. 주방에 있던 어머니도 그 목소리를 들었다. 초등학교 1학년부터 4학년이 된 지금까지 생활통지표에 쓰여진 내용은 늘 비슷했다. 선생님들의 단어 선택에 따라 '성실, 차분, 조용, 노력, 모범, 착실' 등으로 표현만 다양할 뿐.

어머니가 서경배를 불렀다.

"경배야, 방에 가봐라. 조 과장님이 일본 갔다가 너 준다고 프라모델 사 오셨다."

"프-라모델-이요?"

서경배가 들뜬 목소리로 힘차게 한 번 되묻더니 신나게 방으로 뛰어들어갔다. 책상 위에는 프라모델이 놓여 있었다.

몇 개월 전에 프라모델을 처음 접한 후로, 그 매력에 빠져 누군가가 일본을 간다는 소식만 들리면 달려가 프라모델을 구해달라고 부탁하곤 했었다. 서경배는 프라모델 상자를 바닥에 내려놓고 설명서부터 꺼냈다. 바닥에 쭉 펼쳐 놓고, 마치 보물 지도를 보듯 뚫어져라 설명서를 살폈다. 일본어라 이해할 수는 없지만, 단계별로 상세하게 그려진 그림을 보며 신중하게 조립 순서를 숙지해나갔다. 순서가 조금이라도 틀리면 완성할 수 없기 때문이다.

점심때쯤 시작한 프라모델 조립은 저녁이 다 되어서야 끝났다. 장장 여섯 시간이 걸렸다. 프라모델이 완성되자 서경배는 두 팔을 쫙 피며 자리에서 일어났다. 대단한 집중력이었다. 그는 완성한 프라모델을 세워 놓고 한참을 바라봤다. '방학 내내 프라모델 조립만 하면 좋겠다.' 속으로 생각하며 씨익 미소를 지었다. 책상 앞에 있는 창문 사이로 공장에서 힘차게 돌아가는 기계 소리가 들렸다. 방문 사이로는 향긋한 화장품 향이 1층 연구실로부터 흘러들어왔다. 모든 것이 자연스러웠다.

공장과 연구실에서는 매일 화장품이 만들어지고, 서경배도 매일 자신의 방 안에서 프라모델이나 레고, 조립식 장난감 등 무언가를 만드는 데 몰두했다.

다양한 부품들이 각자 제 위치에 있으면 하나의 멋진 작품이 완성된다는 것도, 작고 네모난 블록이 쌓여 수천 개의 모형을 만들 수 있다는 것도 참 신기했다.

많은 질문과 호기심이 서경배의 머릿속에 피어 올랐다.

서경배는 책상 옆에 놓인 책가방에서 필통과 공책, 생활통지표를 꺼내 정리했다. 아침에 받은 생활통지표를 다시 펼쳐봤다.

'나는 어른이 되면 어떤 사람이 될까? 매일 이렇게 무언가를 만드는 일을 하면 좋을 텐데.'

음악가를 꿈꾸진 않았지만

교복을 입고 머리를 짧게 깎은 중학생들이 우르르 학교 밖으로 걸어 나왔다.

"경배야! 서경배!"

서경배가 자신을 부르는 소리에 뒤를 돌아보았다. 친구 둘이 그를 향해 뛰어갔다.

"토요일인데 무슨 바쁜 일이 있어서 그렇게 바로 나가?"

"경배야, 우리 우동 먹으러 갈 건데 같이 안 갈래?"

"우-동?"

"그래, 우동!"

"배가 고프긴 한데… 나 오늘 우동 못 먹어."

"왜?"

"용돈이 얼마 안 남아서 아껴 써야 돼."

"얼마 남았길래? 200원짜리 우동 한 그릇도 못 사 먹어?"

"응. 엊그제 1000원 받긴 했는데, 지금은 300원밖에 안 남았어."

"뭐라고? 그럼 용돈 받은 지 3일 만에 700원이나 쓴 거잖아?"

친구는 깜짝 놀란 듯 황당한 표정을 지었다. 머쓱해하는 서경배를 보며 옆에 있던 다른 친구가 말했다.

"너 몰랐어? 경배 용돈 모아서 수입 LP판 수집하잖아."

"나 엊그제도 용돈 받자마자 바로 음반 사러 갔다 왔어."

"LP판이 한 장에 대체 얼만데?"

"수입 원판이라 조금 비싸. 5,000원쯤 해."

"5,000원? 나라면 그 돈으로 맛있는 거 사 먹겠다."

"음악 듣는 게 얼마나 좋은데. 폴 매카트니, 예스, 레드 제플린…. 엊그제 산 엘튼 존 음반은 진짜 최고야! 너희도 들어보면 놀랄걸? 난 방에서 음악 들을 때가 제일 좋아. 진짜 온종일 그렇게 있을 수도 있어. 엘튼 존 공연을 실제로 볼 날이 올까? 얘들아, 이따 우리 집 가서 음악 들을래?"

서경배는 신이 나서 음악 이야기를 술술 꺼냈다.

"어이구, 네가 항상 돈 안 쓰는 이유가 있었구나. 일단 우동이나 먹으러 가자!"

"그럼 너희가 사줘야 하는데, 괜찮아?"

"그래, 가자! 가! 그 대신 경배 너, 나중에 유명한 음악가가 되면 꼭 맛있는 거 많이 사줘야 한다!"

"당연하지! 그런데 나 음악가 되고 싶다는 생각은 한 번도 안 해봤는데?"

"그럼 뭐가 되고 싶은데?"

친구들은 의외의 답변에 놀란 표정이었지만, 서경배는

눈빛을 반짝이며 입가에 미소를 띠었다.

"그건, 우동 먹으면서 말해줄게!"

서경배와 친구들은 정답게 어깨동무를 하고 들뜬 걸음으로 학교 밖을 나섰다.

＊ ＊
뒷골목
작은 책방

정적이 흐르던 좁은 골목에 오랜만에 발걸음 소리가 울렸다.

"여기야, 다 왔어!"

서경배가 작고 허름한 가게 앞에서 걸음을 멈추며 친구를 돌아봤다. 가게는 입구만 빼고 책들로 빼곡하게 둘러 쌓여 있었다.

"책방이잖아? 네가 말한 재미있는 장소가 여기였어?"

친구는 투덜거리며 삐-익 소리 나는 가게 문을 열었다.

책 냄새가 가득했다. 쌓여 있는 책 더미 사이로 좁고 긴 통로가 곳곳에 이어져 있었다. 겨우 한 사람이 지나갈 정도였다. 행여 책 더미가 무너질까 두 사람은 조심조심 발걸음을 옮겼다.

"여기 독특한 책 많지? 미술, 건축, 음악…. 예술 분야별로 다 있어. 이런 외국 서적은 일반 서점에서는 구하기 어려워."

서경배가 책장에서 책을 한 권 꺼내며 말했다. 친구도 책한 권을 꺼내 쓱 훑어봤다.

"난 뭐가 뭔지 하나도 모르겠다. 경배야 너는 여기 자주오지? 왠지 그럴 것 같은데?"

"응. 여기 진짜 좋아. 시간만 허락해준다면 온종일 여기서 있고 싶다. 뭐랄까. 이 많은 책을 보는 것만으로도 신기하고 감동적이야. 어! 이 책 여기 있었네!"

서경배는 마치 보물을 발견한 것 마냥 신이 났다. 친구는 그의 모습을 보며 '오늘도 경배 여기서 몇 시간 있겠구나' 하고 생각했다.

꺼낸 책을 다시 제자리에 꽂아 놓으며 친구가 말했다.

"난 아까 올라오면서 궁금했던 가게가 있는데 거기 잠깐 다녀올게."

"응. 그래."

서경배는 계속해서 책장 곳곳을 살폈다. 지금 살 책, 나중에 살 책을 정하고 마음에 드는 책에 눈도장을 찍어두었다. 경배는 그렇게 한참을 책을 보고, 골랐다.

"오늘은 이 세 권만 살게요."

책을 계산하는 중에 문 열리는 소리가 들렸다. 친구가 돌아왔다.

"구경 잘하고 왔어? 책 더 볼래?"

"아니야. 다음에 또 오자."

친구와 함께 책방을 나서며 서경배는 친구에게 봉투 하나를 건넸다.

"네가 좋아할 책도 많더라. 자, 여기 선물! 17세기 바로크 시대 프랑스 미술에 관한 책인데, 절판된 거라 프랑스에서도 구하기 힘든 거래. 프랑스 좋아하는 네가 보면 좋을 것 같아서."

친구가 기분 좋게 책을 받아 들었다. 서경배도 뿌듯하게 웃었다.

"고마워. 귀한 거니까 오래 두고 봐야겠다. 근데 너 이렇게 책 또 사면 집에 꽂아 둘 데가 있긴 하니?"

"있기야 있지. 근데 아내가 책 사갈 때마다 책 때문에 집 무너질 것 같다고 해. 이거 가지고 들어가면 또 한 소리 할 걸. 제발 책 좀 그만 사오라고. 하하."

정말
모르는 게 없어!

시속 100킬로미터. 차는 부드럽게 고속도로를 달리고 있다. 햇살은 더욱 따뜻해지고, 창밖으로는 어느덧 지중해의 풍경이 펼쳐졌다. 서경배가 눈이 부신 듯 앞 유리창의 햇볕 가리개를 내리며 말했다.

"이제 점점 더 남부에 가까워지고 있나 보군요."

"네, 그라스에 거의 다 와 갑니다."

이들은 프랑스 샤를에서 900킬로미터 정도 떨어진 그라스에 있는 한 회사를 방문하러 가고 있다. 회의도 회의지만,

직접 담당자들과 얼굴을 맞대고 이야기하며 하나라도 더 느끼고 배우기 위해 직접 길을 나선 것이다. 그라스는 소설 《향수》의 배경이 된 곳이기도 하다.

"회장님은 그라스에 처음 오세요?"

연구소장이 또 자신도 모르게 '회장님'이라는 호칭을 쓰고는 '아차!' 했다. 아모레퍼시픽그룹은 직급과 연차에 상관없이 전 직원이 서로의 이름을 부른다. 회장도 예외는 아니었다. '서경배 님'이 공식 호칭이다.

"처음은 아니고요. 한 세 번째인가?"

서경배는 몇 번인지 정확히 세어보려고 하다가, 하고 싶은 말이 생각났는지 바로 말을 이었다.

"그라스에서 섬세한 향을 잘 만드는 비결이 뭔지 궁금해서 찾아보니까 이 지역의 기후, 질 좋은 토양, 입지 조건 때문이더라고요. 여기가 남알프스와 지중해 사이에 있는 분지라 기후가 온화하잖아요. 그러니 모든 계절마다 꽃이 만발할 테죠. 게다가 큰 건물 하나 없이 아기자기한 골목만 있으니 여기 사람들이 꽃향기도 더 깊고 예민하게 느낄 수 있던 게 아닐까 싶어요. 감성도 한몫 했을 테고."

연구소장은 '이 사람은 정말 모르는 게 없어'라고 생각하며 라디오를 켰다. 잔잔한 선율이 흘러나왔다.

"드뷔시 아라베스크 1번 마장조네요."

음악을 들은 서경배는 곧바로 곡 이름을 알아차렸다.

"마침 서경배 님 좋아하시는 곡이 나왔나 보네요. 다행인데요. 그라스가 손님 대접할 줄 아는군요. 하하."

"이 곡이 원래 피아노로 작곡되긴 했어도 하프 연주로 들으면 훨씬 감동적이에요. 피아노 선율보다 훨씬 로맨틱하다는 생각도 들고."

서경배는 고개를 조금 뒤로 젖히며 눈을 지그시 감았다. 그 후로도, 많은 클래식 음악이 연달아 흐르고, 서경배는 거의 모든 곡에 대해 자신이 알고 있는 이야기와 감상을 말했다. 연구소장은 다시 한 번 감탄했다.

'세상에서 제일 바쁠 것 같은 분이 음악은 또 어떻게 이렇게나 많이 알고 있는 거지?'

어제 피카소 공방에 가서 작품에 대한 이야기와 작품이 만들어진 과정에 대해 무척이나 자세히 설명해주던 서경배의 모습이 떠올랐다. 또 엊그제는 어땠던가. 그날도 미술관에 데려가 작품 설명과 함께 곁들여준 역사 이야기는 단연 인상 깊었다.

" 우리는 모두 마음속에
자신만의 소우주를 가지고 있다.
우리 각자가 마음속에 간직하고 있는
그 소우주가 어둠 속에서도 빛나는
다이아몬드처럼 아름다운 빛을 내뿜길… "

그날 오후, 노천카페에서 서경배는 연구소장과 커피를 마시며 이렇게 말했다.

"저는 경영인이 안 되었다면 미술 평론가가 되어 있었을 거예요."

연구소장은 정말로 궁금해졌다.

'이 분이 경영을 안 했다면 뭐가 되셨을까? 미술 평론가라고 말씀하셨지만, 그보다는 음악 평론가가 되어 있지 않으셨을까? 아니다. 어쩌면 역사학자가 되셨을지도 모르지.'

어느덧 차는 그라스의 작은 골목 입구에 들어섰다. 자동차 한 대가 겨우 지나갈 만한 좁은 골목 양옆으로 보라색 라벤더 꽃이 만발했다.

"여기서부터는 걸어가는 게 좋겠네요. 운전하시느라 수고 많으셨습니다. 이제 향기에 취해볼까요?"

진짜
여기 가시게요?

    기차는 부하라를 향해 다섯 시간째 달리고 있다. 우즈베키스탄 사마르칸트에서 부하라로 가는 기차 안은 찜통 같았다. 하루에 단 한 대밖에 운행하지 않아서 내부는 사람들로 북적였고, 설상가상으로 에어컨도 없었다. 몇몇은 복도에 나와서 더위를 달랬고, 몇몇은 제자리에 앉아 더운 공기에 취한 듯 꾸벅꾸벅 졸았다.

    "휴…."

    동행한 일행 중 한 명이 창 위에 작게 달린 창문의 손잡

이를 겨우 돌려 창문을 연 후, 긴 숨을
내뱉었다. 복도를 지나가던 서경배는
그런 그의 모습을 보고, 그의 맞은편
좌석에 놓여 있던 짐을 옆으로 옮기고
앉았다.

"이제 30분 정도만 더 가면 도착한
대요. 많이 힘들죠?"

서경배는 생수 뚜껑을 열어 그에게
건넸다.

"아, 감사합니다."

그는 물을 한 모금 마시고는 서경배
에게 물어보고 싶은 것이 있는지 몇
초간 '음' 하다가 입을 뗐다.

"아까 가이드가 몇 년 동안 일하면
서 부하라 여행 가이드를 요청한 팀은
이번이 두 번째라고 해서 놀랐어요. 저
도 이번 기행지가 우즈베키스탄이라
고 했을 때 '진짜 거기 가실 거냐'고 물
었잖아요. 대부분의 사람들이 많이 안

가는 곳이니까요."

서경배는 그의 말에 고개를 끄덕이며 미소 지었다.

"부하라가 실크로드의 도시였잖아요. 지금은 바닷길이 발달하면서 오지로 남아 있지만, 서역과 중국을 잇고 다양한 문명과 문화가 서로 만났던 그 길목이 어떤 곳이었는지 느껴보고 싶었어요. 지구의 한복판이었던 그곳요."

일행은 이제야 알겠다는 듯 손바닥으로 무릎을 탁 치고는 "이제 편하게 다니셔도 될 것 같은데, 회장님은 항상 남들이 안 가는 여행의 사각지대만 찾아다니시는 것 같다니까"라며 웃었다.

"먼지 돌풍이 부는 이 황량한 사막이 한때는 가장 활기찼던 세상의 중심, 실크로드의 중심지였다는 게 참 재밌지 않아요? 부하라에는 그때 그 모습이 그대로 남겨져 있대요."

"그렇게 생각해보니 저도 부하라가 궁금해지네요."

둘은 서로를 보며 미소 지었다.

때마침 가이드가 자리에서 일어나 손뼉을 치며 일행을 향해 말했다.

"곧 부하라 역에 도착합니다. 짐 잃어버리지 않게 잘 챙겨

놓으세요. 도착 전에 짧게 말씀드리자면, 부하라는 무려 2500년의 역사를 간직한 곳입니다. 140여 개 이상의 옛 건축물이 잘 보존되어 있지요. 아마 사마르칸트보다 더 볼거리가 많을 거예요. 자, 잠시 후면 2세기 동안 변하지 않은 고대 도심지의 모습을 보시게 될 겁니다."

서경배와 일행들은 시간 여행자가 된 것처럼 설레는 눈으로 창밖을 바라보았다. 세월이 켜켜이 쌓인 듯한 모래 색깔의 건물들이 보였다. 오래된 건물이었지만 은은하게 화려함이 묻어나왔다. 마치 이곳이 사막 속 오아시스에서 꽃핀 도시라고 말하는 것처럼.

삶의
현장에서

아침 7시, 서경배와 임원 셋이 중국의 어느 호텔 레스토랑에 둘러앉아 있다. 조식을 먹기 위해 모였지만 음식을 가져다 먹는 사람은 아무도 없었다.

"저는 커피만 한잔 하겠습니다. 속이 좀 안 좋아서요."

"저도 배가 별로 안 고프네요. 달걀이나 하나 먹으면 될 것 같습니다."

모두가 호텔 조식에 질릴 즈음이었다. 시리얼, 따뜻한 달걀 요리, 다양한 빵, 쌀밥과 죽, 과일, 심지어 쌀국수까지 다양한 국적의 여행자들 입맛에 맞게 잘 갖춰 놓았지만 벌써 나흘째. 호텔 조식으로 배를 채우고 싶은 사람은 없었다. 일행의 속내를 눈치챈 서경배가 웃으며 말을 꺼냈다.

"호텔 근처에 시장이 있던데, 거기서 아침을 먹으면 어떨까요?"

"시장이요?"

"네, 시장이요. 아까 보니 시장 안으로 들어가는 사람들이 굉장히 많더라고요."

"중국 사람들은 아침밥을 밖에서 많이 사 먹는다던데, 밥 먹으러 가는 거 아닐까요?"

"우리도 가봅시다! 뭐 사 먹나 한 번 구경이나 합시다."

서경배가 앞장서서 시장으로 들어갔다. 시장은 입구에서 부터 갈래갈래 다양한 모습의 길로 이어졌다. 골목마다 풍경도, 풍기는 냄새도 달랐다. 맨발에 슬리퍼 차림의 주민도, 팔꿈치로 스치고는 휙 지나가는 사람도 모두 정겨웠다.

"역시 시장에 오니까 사람 사는 모습이 느껴지네요. 활기차고, 시끄럽고. 좋습니다! 하하."

"그나저나 아까부터 이 근처에서 굉장히 맛있는 냄새 나지 않아요?"

"저도 아까부터 궁금했어요. 찐빵 냄새인가, 만두 냄새 인가?"

"아! 저기 저긴가 보네요."

일행이 모두 동시에 한 곳을 바라보았다.

"저기 가서 먹을까요? 저 집 맛있겠네요."

작지만 중국 특유의 화려한 문양으로 꾸며진 만둣집이었 다. 가게 입구 앞에 있는 커다란 솥에서 김이 모락모락 났 다. 주인이 뚜껑을 열자 하얀 김 사이로 만두가 모습을 드 러냈다. 외국인임을 눈치챈 주인은 재빠르게 만두를 가리 키며 손가락 한 개, 두 개를 접었다 펴며 중국어로 무언가 를 말했다.

"만두 하나에 1위안, 2위안이라고 하네요."

서경배가 통역을 자처하고 나섰다.

"안에는 자리가 없으니 일단 서서 드시죠. 드시고 싶은 만 큼 드세요!"

만두를 한 입 베어 물자 모두가 말이 없어졌다.

시장에서 우연히 만난 훌륭한 만두 맛에 감탄한 건 서경 배뿐만이 아니었다.

"이런 만두 먹어본 적 있어요?"

"이렇게 맛있는 만두는 처음입니다. 첫째 날 저녁에 갔던 고급 딤섬집보다 여기가 훨씬 맛있습니다!"

네 사람은 만두를 종류별로 모두 맛보고는 배터지게 먹고도 15위안 밖에 안 나왔다며 신나게 웃었다.

가격보다
중요한 것

무언가 맛있게 끓는 소리가 들린다. 가족들은 맛있는 냄새가 퍼지기 시작하자 하나둘 식탁에 모여 앉았다. 서경배는 냄비 앞을 떠나지 않고 적절한 때에 불을 끄기 위해 대기 중이다. 그는 무엇을 끓이고 있을까?

몇 분 후 서경배가 가스레인지의 불을 끄며 말했다.

"자, 다 됐다!"

드디어 가족들 앞에 음식이 한 그릇씩 놓였다.

그것은 다름 아닌 '라면'. 한 번 맛보면 평생 먹게 된다는

'그것'을 그도 좋아한다. 그래서 집에서도, 여행지에서도 항상 라면 요리사를 자청한다.

"우와. 맛있겠다!"

라면을 한입 맛본 서경배도 만족한 얼굴이었다.

"내가 라면 좋아하는 걸 보면서, 친구들이, 네가 이렇게 라면을 좋아해서 국숫집에 장가갔구나 하더라고."

가족들이 재미있다는 듯 웃었다.

"우리나라에서 제일 쉽게 자주 먹는 면 요리가 라면인 것처럼 이탈리아도 파스타를 먹잖아. 그런데 아주 오래전에, 한 번은 이런 일이 있었대."

가족들은 그가 또 어떤 흥미로운 이야기를 해줄까 궁금해하며 그의 말에 집중했다. 서경배는 국물을 한 수저 떠먹고는 바로 말을 이었다.

"이탈리아랑 영국이 북아프리카 전선에서 싸울 때 있었던 일인데, 이탈리아군들이 엄청 무더운 사막에 고립된 거야. 그래서 이탈리아군이 재빠르게 독일에 구조 요청을 했지. 그런데 독일군이 도착하기도 전에 이탈리아군이 그냥 영국군에 항복해버린 거야. 독일군은 너무 의아했어. 왜 구조를 기다리지 않고 항복했는지. 그런데 알고 보니까 그 이유가…"

"왜요? 이유가 뭐에요?"

그는 라면을 삼키고 다시 이야기를 시작했다.

"목이 너무 말라서 버티지 못한 거래. 사실 이탈리아군에게 물이 없었던 건 아니거든. 그런데 가지고 있던 물을 모조리 파스타 면 삶는 데 써버려서 마실 물이 없었대."

가족들이 모두 웃었다.

"재미있으면서도 안타까운 얘기네요. 그래도 이탈리아인들의 음식에 대한 철학이 엿보이는데요?"

"맞아. 전쟁터에서 파스타라니. 역시 이탈리아인이야."

"라면 끓인 물은 국물이 되니까 마실 수 있는데 파스타 삶은 물은 버리게 되니까. 아, 그게 라면이었다면!"

다 함께 라면을 먹은 후, 서경배는 방으로 건너갔다. 내일 오전에 떠날 출장 가방을 다시 점검하기 위해서였다.

'여권, 비행기 표, 지갑, 비행기에서 읽을 책, 검토할 서류, 메모장, 닷새간 입을 옷… 그리고 또… 이 정도면 됐나?'

서경배는 팔짱을 끼고 서류가방과 여행용캐리어를 번갈아가며 확인했다. 5박 6일의 출장을 위해 필요한 것은 다

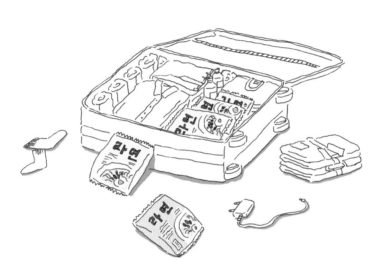

넣은 듯했지만, 무언가 빠뜨린 것 같은 허전함이 남았다.

"아, 라면!"

그는 퀴즈의 정답을 맞춘 것처럼 신이 나서 주방으로 갔다. 찬장을 열어 라면 서너 개를 꺼냈다.

외국에서는 꼭 그 나라 음식을 경험해봐야 한다는 생각을 하는 그도 가끔은 출장 가방에 라면을 넣어간다. 젊은 시절 혼자 해외 출장을 다닐 때면 이코노미석을 이용하고, 시내에서 멀리 떨어진 저렴한 호텔에서 머물며, 합리적인 금액대의 식당을 찾던 그였다. 그때 서경배는 지금처럼 출장 가방에 라면을 서너 개 넣어가 끼니를 해결하기도 했었다.

그는 오늘도 라면 몇 개를 출장 가방에 챙겨 넣었다. 그제서야 가방 문을 가볍게 닫았다.

청더로
가는 길

"이거 한 번 읽어보고 오세요."

점심식사 때 동양사학과 교수는 가방에서 논문집을 꺼내 모두에게 나눠줬다. 일반 책 두께 정도의 분량이었다. 제목은 '병자호란과 천연두'. 이들은 청나라를 공부하기 위해 청더로 여행을 가기로 계획되어 있었고, 이 자리는 여행 전예비 모임을 갖는 자리였다.

"다 읽기 어려우시겠지만, 저희가 이번에 가는 곳을 좀 더 이해하는 데 도움이 될 겁니다."

몇몇은 혀를 내둘렀고 서경배와 몇몇은 반겼다.

　며칠 후, 이들은 아침 8시 30분 비행기에 몸을 실었다. 베이징에 도착하자마자 만리장성의 끝자락인 쓰마타이창청(사마대장성)으로 갔다. 두 시간 정도 차를 타고, 한 시간 정도 걷고, 케이블카를 타고 올라가서 2시 40분경에 도착했다. 쓰마타이창청을 둘러본 후에는 버스에 올랐다. 이번 여행의 최종 목적지인 청더로 가기 위해였다. 버스가 출발해 도로에서 안정적으로 달릴 때쯤, 교수가 자리에서 일어섰다. 흔들리는 버스에서 몸을 지탱하기 위해 손잡이를 꽉 잡으며 말했다.

　"저희가 지금 가는 곳은 청더입니다. 논문 읽어보셔서 아시겠지만, 중국 역사의 큰 비중을 차지하는 건 베이징보다 청더에요. 바로 천연두 때문이죠. 청나라는 역사상 어떤 왕조보다도 천연두에 민감했어요. 천연두가 유행하는 동계와 춘계에는 천연두를 피해 '피두(避痘)' 즉, 떠났어요. 17세기 중국의 새로운 역사를 연 청나라의 2대 황제 홍타이지도 피두 때문에 장례나, 제사에도 여러 번 참석하지 못했다는 기록도 있습니다."

비포장도로를 달리는 버스는 좌우로 흔들리고, 이른 새벽에 일어난 기색이 역력한 듯한 사람들은 버스에 흔들림에 맞춰 꾸벅꾸벅 졸았다. 그 사이에서 서경배는 고개를 끄덕이며 교수의 말을 하나라도 놓칠까 봐 수첩에 열심히 필기했다.

늦은 오후, 버스는 청더에 도착했다. 교수는 맨 마지막으로 버스에서 내려 사람들 사이에 섰다.

"본격적인 청더 탐방은 내일 하고요, 오늘은 저녁 먹으면서 가볍게 얘기합시다. 짐 정리하고 6시까지 식당으로 오세요."

저녁 식사가 시작되었다. 함께 모인 사람들은 돌아가며 오늘 느낀 점에 대해 얘기했다.

"교수님 오늘 수고 많으셨습니다. 다른 분들도 장거리로 이동하시느라 고생 많으셨습니다. 전 역사 공부가 참 재미있습니다. 역사가 현실을 반영하는 거울이기 때문이기도 하고, 역사 자체가 하나의 이야기이기 때문이죠. 배우면 배울수록 더 많이 알고 싶어집니다."

서경배는 술을 한 잔 마시며 자신의 감상을 말했다.

"그럼 오늘 본 것들에 대해 제가 좀 더 자세하게 설명해 드리겠습니다. 라운지로 이동하시죠!"

교수는 신이 나서 말했다. 라운지에는 작은 스크린과 손바닥만 한 크기의 빔이 이미 준비되어 있었고, 교수는 노트북을 켜 사진을 스크린에 띄웠다. 교수는 자신이 가지고 있는 지식에 대해 관심을 가지고 들어주는 사람들이 모여 있다는 사실만으로도 기뻤고, 더 많은 이야기를 하고 싶었다. 그리고 서경배는 그런 교수의 지식과 열정에 가장 열심히 답했다.

그렇게 세 시간 동안 열렬한 역사 수업은 계속되었다.

> **우리는 언제 어디서 누구에게서든
> 배우려는 자세를 잊지 말아야 한다.**

와인을
좋아하게 된 이유

"어떻게 그걸 다 아세요? 저는 무슨 말인지 하나도 모르겠더라고요."

해외영업 담당자가 기다렸다는 듯 서경배에게 물었다. 두 사람은 대만의 유명 면세점 그룹 CEO와의 저녁 식사 자리를 마치고 나오는 길이었다.

"서경배 님이 와인 이야기를 쭉 하시니까, 그분 눈빛이 달라지시더라고요. 그 이야기 덕분에 비즈니스 이야기도 부드럽게 이어나갔고요."

서경배 역시 한시름 놓은 듯 길게 숨을 내쉬며 답했다.

"아버지께서 녹차 사업 때문에 고민이 많으시길래 와인을 공부하기 시작했어요. 녹차를 공부해보니까 와인 산업하고 비슷하더라고요. 그래서 공부하고, 공부하고, 공부하다 보니 여기까지 오게 됐네요."

녹차 사업은 서성환 선대회장의 소명 같은 사업이었다. 모두가 무모하다고 했다. 당장의 수익은 기대할 수 없는 사업이었고, 정성을 들이고 오랜 시간을 견뎌야 가능한 일이었다. 녹차가 취미는 될 수 있지만, 사업은 될 수 없다며 모두가 말렸다. 그래도 서성환 선대회장은 포기하지 않았다.

"차 문화는 아버지께서 반드시 복원하고 싶어 하신 격조 있는 문화였어요. 일본의 차 문화가 사실 우리나라에서 건너간 건데, 그들은 다듬고 가꿔서 문화로 만들었잖아요. 아버지께서는 우리나라 차 문화를 잘 가꿔서 보급하고 전파해야겠다고 생각하셨어요. 우리나라 차 문화의 부흥이 그분의 숙제였죠."

"결국 해내셨잖아요!"

해외영업 담당자가 자랑스럽게 서경배를 바라봤다.

"녹차 사업을 시작한 지 스무 해쯤 지난 1997년에야 사업
이 흑자로 전환되었어요. 4년 뒤에는 오설록 티 뮤지엄을
오픈했고. 제주 서광다원에 차 전시관이 완공되었을 때는
아버지도 저도 뭉클했어요. 대중들에게 자연스럽게 차 문

화를 접하게 하는 방법에 대해 고민이 많았는데, 그곳이 바로 그 역할을 해줄 수 있을거라고 믿었어요. 프랑스 보르도처럼 그렇게 차 산업도 자연스럽게 확장되면 좋겠다고 생각했죠."

"프랑스 보르도요? 아, 그래서 아까 와인 산업하고 녹차 산업하고 비슷하다고 하신 거군요."

"네, 프랑스 보르도가 포도 산지에서 양조 기술을 접목해 고부가가치의 와인을 제조하고, 와이너리 관광을 통해 서비스 산업도 육성해 시너지를 내고 있어요. 우리도 마찬가지라고 할 수 있죠."

그는 녹차 사업을 녹차를 재배하는 것에서 그치지 않고, 제품 원료화와 상품 생산 그리고 관광 등의 서비스업으로까지 자연스럽게 확장했다. 이런 일련의 활동은 녹차 문화가 대중들에게도 퍼지고 뿌리내릴 수 있도록 했다.

서성환 회장님이 영면하실 즈음 "나는 20년 넘게 고생했지만, 너희 대에서는 유익하게 써라"고 하셨던 그 유지대로 말이다.

66 눈앞의 이익만 생각해
감나무 열매를 다 따 먹어버린다면
감나무는 종자가 말라 내일을 기약할 수 없고,
새봄을 기다릴 수도 없다. 99

PART 2

관점을 새롭게
디자인하다

생각에 영향을
미치는 것

"공간이 생각을 지배한다는 생각 아래 연구원들이 조금 더 창의적으로 연구할 수 있는 공간을 짓고 싶었습니다. 이 공간에서 뜻밖의 발견을 할 수 있었으면 좋겠습니다."

서경배는 말했다. 용인시 기흥에 있는 아모레퍼시픽 기술연구원의 제2연구동 '미지움'의 완공식 자리였다. 이곳은 일반적으로 상상하는 연구소와는 전혀 다른 공간이었다. 건물의 외부는 자연과 어우러져 있고, 내부는 창과 통로를 통해서 자연과 사람, 사람과 사람이 소통할 수 있는 구조로

되어 있었다. 미지움은 무려 5년이라는 시간이 걸려 완공되었다. 그만큼 생각이 많았고, 하나하나 신중하게 결정했다.

미지움이 완공되기 수년 전, 서경배는 함께 일하던 건축가에게 고민을 털어놨다.

"연구동을 신축해야 하는데, 고민이네요."

"무슨 고민이요?"

"생각에 가장 많은 영향을 주는 게 뭘까 생각해봤어요. 아무래도 공간이 아닐까 싶더라고요. 그래서 신축할 연구동은 딱딱한 연구실이 아니라, 사람들이 그 공간에서 자유롭게 외부와 소통하고, 내부 사람들과도 소통하는 그런 공간이었으면 좋겠거든요. 예술작품을 보다가 혹은, 자연 속에 있다가 우연히 새로운 발상이 떠오르곤 하잖아요. 그런 공간을 만들고 싶은데 어떤 분이 잘 만들어주실 수 있으실까요?"

"그런 곳에서 일하면 정말 좋겠네요. 연구원 대부분은 내부에 있는 시간이 길잖아요. 말씀 듣다 보니 생각나는 건축가가 있는데, 잠시만요."

건축가는 서가에서 책을 한 권 꺼내 서경배 앞에 놓았다.

"알바로 시자라고 포르투갈을 대표하는 건축가예요. 보시면 공통적으로 느껴지는 게 있죠? 건축물이 자연과 조화롭게 어우러져 있어요. 외부도 내부도 그렇죠."

서경배는 페이지 한 장 한 장을 천천히 넘기며 공간을 탐미하는 듯했다.

"좋네요."

짧지만 확신에 찬 말투였다.

"직접 공간을 느껴보면 좋을 것 같아요. 건축가님도 직접 만나뵙고 싶고요. 건물이라는 게 한 번 지어놓으면 오랫동안 유지되는 건데 이렇게 사진만으로 결정하기 어려운 것 같아요."

"당연하죠. 시간만 괜찮다면 직접 가서 그분이 만든 공간을 느껴보고, 얘기도 나눠보는 게 좋죠. 제가 그쪽에 연락해서 일정 잡아보겠습니다."

서경배는 건축가와 함께 포르투갈로 향했다. 알바로 시자를 만나러 가는 길은 열네 시간이 넘는 긴 여정이었다. 그들은 곧바로 알바로 시자가 재직 중인 학교이자 그가 건축한 포르투 건축대학으로 갔다. 그곳은 두오로 강 위를 지나는 마지막 다리 근처 언덕에 있었다. 서경배는 건축물을 쭉 둘러보며 말했다.

"듣던 대로 알바로 시자 건축물의 외관은 모던한 인상을 주네요. 불규칙적으로 뚫려 있는 창문이 참 독특합니다."

"안에서 보면 창문이 왜 그곳에 그렇게 설치되어 있는지 아실 거예요."

두 사람은 건물 안으로 들어가 곳곳을 걸었다. 서경배는 종종 멈춰 서서 창문 너머를, 층과 층이 연결된 통로를 바라봤다.

"정말 좋네요."

그는 그 이후에도 두어 번 더 포르투갈로 가서 알바로 시자를 만났다. 알바로 시자는 공간의 질을 이해하는 건축주에게 놀랐고, 서경배는 건축에 대한 그의 겸손한 생각을 들으며 좋은 건축이 무엇인지 고민했다.

'생각에 가장 많은 영향을 미치는 것은 무엇일까'라는 그 질문에서부터 그렇게 미지움은 탄생했다.

66 질문은 사람만이 할 수 있다.
그리고 사람을 위대하게
만드는 것도 바로 질문이다. **99**

한 번쯤
고요하게

"수고 많으셨어요. 다음 회의 때는 다른 시각에서도 이야기를 발전시켜보죠."

브랜드 커뮤니케이션을 연구하는 교수가 앞에 있는 문서를 정리하며 말했다. 테이블 위에 어질러진 서류들이 치열했던 회의가 있었음을 짐작하게 했다.

"이것 좀 드세요. 오늘 고생 많았어요."

서경배가 교수에게 음료를 건네주다 문득 생각이 난 듯 물었다.

"이번 프로젝트 끝나면 안식년을 갖는다고 하셨죠?"

교수는 말만으로도 홀가분한 느낌이 드는 듯 웃음을 머금었다.

"네. 이번 안식년에는 해외에 있을 것 같아요."

"어디로 가세요? 예전에 계셨던 메릴랜드로 가시나요?"

"이번엔 샌디에이고에 가려고요."

"아! 거기 좋죠. 샌디에이고는 처음이세요?"

"처음 가요. 미국인들이 은퇴하고 가장 살고 싶어 하는 곳이라고 들었어요. 평화로운 곳이라고요. 6년 동안 하루하루가 눈코 뜰 새 없이 지나간 것 같아요. 거기서 한 템포 쉬면서 연구에 몰입해보려고요."

"좋은 생각이네요. 멀리 가려면 한 번쯤 제자리에서 고요하게 생각할 시간이 필요한 것 같아요. 그런데 평소에는 그런 시간을 갖기 참 어렵죠."

서경배는 고개를 끄덕이며 교수의 말에 동의했다.

"샌디에이고에 도착하시면 솔크연구소는 꼭 가보세요. 꼭요."

"연구소요? 백신을 개발한 그 솔크 박사 연구소요?"

교수는 속으로 '연구소에 뭐 볼 게 있을까?'라고 생각하

며 의아한 눈길로 서경배를 보았다.

"네, 맞아요. 그 솔크 박사 연구소요. 연구소라고 해서 놀라셨죠? 하하. 수도원처럼 사색하기 좋은 곳이에요. 거기가면 물길이 하나 있을 거예요. 해 질 무렵에 그 물길이 시작하는 곳에 앉아보세요. 앉으면 바로 바다가 보일 거예요. 노을이 드리워지는 바다야 어디서든 볼 수 있겠지만, 그곳에서 바라보는 바다의 모습은 말로 표현할 수 없을 만큼 벅찬 감동 그 자체예요. 저는 여러 생각들로 머리가 복잡할 때 그곳에 갔었어요. 처음에는 그 풍광에 감동했는데 이내 마음의 고요가 생기더라고요. 그 순간에 그 모습을 보려고 반나절 내내 그곳에 있었는데 참 잘했다 싶었지요. 공간이 사람에게 얼마나 깊은 감동과 평온을 주던지. 아직도 가끔 생각이 납니다."

몇 달 뒤, 교수는 샌디에이고에 도착했다. 주변 정리가 어느 정도 되자 교수는 서경배가 꼭 가라고 당부했던 솔크연구소가 생각났다.

숙소에서 그리 멀지 않은 곳에 있었다. 태평양이 보이는 언덕 위에 노출 콘크리트로 만들어진 낮은 건물이 2열로

늘어서 있고, 그 사이 텅 빈 공간의 중앙으로 낮은 물줄기가 길게 흘렀다.

교수는 서경배가 말했던 그 자리에 앉았다. 마침 하늘이 붉게 물들기 시작했다. 교수가 있는 그 자리 너머에는 하늘, 바다, 해가 맞닿으며 파장을 이루었다. 가슴이 터질 것 같은 멋진 풍경이었다.

교수는 깊게 숨을 들이마시고 다시 내뱉었다. 그리고 지그시 눈을 감았다가 다시 천천히 떴다. 그렇게 아무 말 없이 어둠에 잠길 때까지 그는 그 자리에 그대로 오래 앉아 있었다.

• •
하나부터
열까지

여기저기서 열심히 기계 돌아가는 소리가 들렸다. 아모
레퍼시픽의 자회사인 '퍼시픽글라스'. 화장품 유리 용기를
만드는 이곳에 서경배와 직원들이 방문했다. 기계는 사람
의 시선을 아랑곳하지 않고 늘 그랬던 것처럼 자신에게 주
어진 매뉴얼대로 움직였고, 그 움직임에서 나오는 반복되
는 소리는 공장이 잘 돌아가고 있다는 안정감을 주었다.

"음."

고요한 정적이 깨졌다. 서경배였다. 입술에 힘을 주어 다

물었다. 무언가 언짢은 표정이었다.

"왜 그러세요? 무슨 문제가 있습니까?"

옆에 있던 직원이 물었다.

"공장 관리가 잘 안 되는 것 같습니다."

직원은 '아무 문제 없어 보이는데'라고 생각하며 주변을 두리번거렸지만, 서경배는 공장의 어느 한 곳을 응시하고 있었다.

"부자재들이 어디에 있는지만 봐도 공장이 잘 돌아가고 있는지 아닌지 보여요."

"부자재가 있는 곳까지 어떻게 아세요?"

직원은 적잖이 놀랐다.

"어릴 적부터 제가 살던 곳엔 항상 공장이 있었으니까 공장은 제게 익숙한 공간이죠. 그리고 제가 입사하고 나서 처음 일했던 곳이 바로 이곳입니다."

'태평양종합산업', 지금의 '퍼시픽글라스'의 장항공장 건설 프로젝트가 서성환 회장이 서경배에게 처음으로 맡긴 프로젝트였다. 그는 공장이 준공되기까지 1년 8개월 동안 하루도 쉬지 못했다. 현장이 곧 숙소였다. 인부들과 함께 주

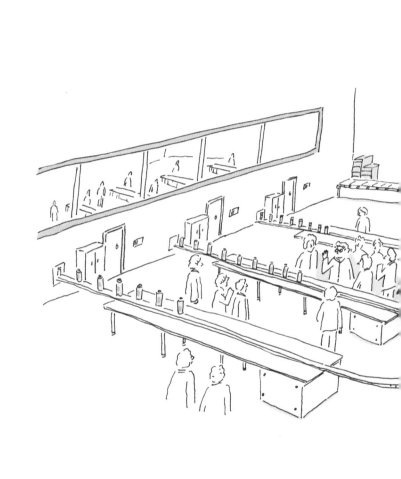

말 밤에도 불을 켜놓고 이 공장을 지었다. 공장이 준공된 후에는 까만 그의 머리가 새치로 빼곡해졌을 만큼, 그는 프로젝트 내내 긴장했고 그 누구보다 열심히 일했다.

서성환 회장도 무리하는 아들을 보며 너무 힘든 일을 맡겼나 생각했을 정도였다.

회사가 힘들던 시기에 입사한 서경배의 시작은 다른 2세 경영자처럼 로맨틱하지 않았다. 서경배는 장항공장에서 시작해 경영관리실, 기획조정실, 재경본부 등 회사의 곳곳에서 업무를 하면서 회사 전반을 경험했다. 회사가 자칫하면 망하겠다는 얘기가 오가던 시기였기 때문에 온갖 궂은일, 힘든 일을 몸소 겪었다. 하지만 그 덕에 다양한 분야의 지식을 쌓고 큰 그림을 보는 눈을 가질 수 있었다. 그가 회사 곳곳의 작은 일부터 큰일까지 잘 아는 것은 당연했다.

'원료 성분이면 성분, 기술이면 기술, 향료면 향료. 화장품에 대한 지식이라면 모르는 게 없다고 하시더니.'

직원은 서경배의 얼굴을 다시 바라보았다. 공정을 하나하나 살피는 그의 눈빛이 깊어 보였다. 어두운 터널을 한 걸음 한 걸음 지나온 사람만이 가질 수 있는 그런 깊음이었다.

> 지향점을 세우고 목표를 가질 때,
> 그리고 그것을 위해 열성을 다해 전진할 때
> 미래의 꿈은 비로소 현실이 될 수 있다.

핸드백 속
립스틱

"마지막으로 해주고 싶은 말씀이 있으시다면요?"

"언제나 꿈을 갖고 그 꿈을 포기하지 마세요."

서경배는 확신에 찬 어조로 말했다. 신입사원과의 사내 인터뷰 자리였다.

"꿈이 있는 사람이 계획을 세우고, 계획을 세운 사람이 실천합니다. 실천해야 성공할 수 있어요. 만약, 뜻대로 잘 안 되더라도 좌절하지 마세요. 그 실패는 다음 성공의 자양분이 될 겁니다."

누구나 쉽게 할 수 있는 말이었지만, 그가 한 말의 울림은 달랐다. 직접 경험한 사람만이 전달할 수 있는 진정성이 느껴졌다. 서경배는 늘 꿈을 꾸었다. 사람들이 '말도 안 되는 꿈'이라고 치부하던 꿈도 결국 이루어냈고, 그 꿈들이 쌓여 지금의 자리에 도달하게 만들었다.

10여 년 전이었다. 서경배는 용인 신갈연구소를 방문해 직원들과 점심을 먹던 중 임원들에게 한마디를 건넸다.

"전 세계 사람들 핸드백 속에 우리 립스틱이 하나씩 있다면 진짜 좋을 것 같지 않아요?"

서경배는 상상만으로도 흥분된다는 표정이었다. 직원들은 그 꿈이 현실에 맞지 않게 너무 거대하다고 생각했다. 프랑스, 미국 등 화장품 선진국 기업을 제치겠다는 서경배의 말이 비현실적이라며 냉소적인 반응도 있었다.

"우리가 다 같이 하면 해낼 수 있지 않을까요? 우리만의 기술, 우리만의 재료, 우리만의 이야기로 제품을 잘 만들면 분명 세계 시장에서 경쟁력이 있다고 봅니다. 특히 우리의 정체성이 담긴 아시아의 문화와 지혜를 바탕으로 우리만의 것을 만들어야 해요. 이렇게 된다면 회사의 매출에 도움이

될 뿐만 아니라 국가에도 애국하는 길일 겁니다."

서경배는 직원들과 눈을 마주치면서 한 글자 한 글자 또박또박 말했다. 많은 직원이 속으로 '진짜 가능할까?'라고 생각했다. 그 당시 화장품 업계에서 국산 브랜드는 설 곳이 없다는 말이 돌 만큼 어려운 시기였다. 해외 유명 브랜드의 기세가 등등했다.

"아시아에서도 글로벌 화장품 기업을 만들 수 있어요. 전략적으로 접근해봅시다. 우선, 화장품은 문화 제품이라고 할 수 있어요. 우리가 진출하려는 나라의 문화를 알면 그들이 무엇을 원하는지 보이죠. 물론 행정제도나 유통에 대해서도 알아야 하지만요. 그리고 화장품은 경제적 여유가 있을 때 가장 쉽게 누릴 수 있는 '스몰 럭셔리'입니다. 우리는 먼저 그 나라의 경제력이 어떤 단계에 있는지 봐야 합니다. 직접 부딪히면 어디로 가야 할지 길이 보일 거예요. 세계를 향해 마음을 열어봅시다. 우리가 마음을 열면 길도 활짝 열립니다. 자신감을 가집시다!"

숨 쉴 겨를 없이 이야기하는 그의 태도는 분명했다. 그의 말을 듣고 있던 직원들의 마음속에는 자신감이 서서히 피어올랐다. 우리도 할 수 있다는 자신감.

그렇게 10여 년의 세월이 흐른 뒤 아모레퍼시픽은 꿈을 이루었고, 지금도 더 넓은 세계에서, 더 많은 사람들에게 사랑받는 화장품 기업으로 도약하겠다는 새로운 꿈을 꾸고 있다.

66 전 세계를 우리의 앞마당으로
생각하는 폭넓은 시야를 갖자.
세계 각국의 이야기를 현장에서 보고
생각하고 느끼는 노력을 꾸준히 펼쳐가자. 99

제주도를
브랜드로

"이상으로 발표를 마치겠습니다. 감사합니다."

박수가 터져 나왔다. 담당자가 이니스프리 브랜드 리뉴얼 기획안 발표를 마쳤다. 임원들의 반응은 좋았다. 서경배도 박수를 보냈지만 표정은 밝지 않았다. 기획안에 대해 여러 임원의 의견이 한참 이어진 후, 서경배가 말을 꺼냈다.

"수고하셨습니다. 준비해주신 내용 잘 들었습니다. 아이디어도, 전략도 모두 좋습니다. 그런데 한 가지 생각해봤으면 하는 부분이 있습니다."

모두가 서경배를 바라보았다. 무엇을 더 생각해보자는 걸까? 브랜드 리뉴얼 계획과 콘셉트는 완벽한 것 같았다. 이니스프리 브랜드에 그리스 산토리니를 차용하겠다는 계획이었다. '휴식의 섬'이라는 이니스프리의 뜻과 완벽하게 잘 어울렸다. 더군다나 이국적인 감성을 차용하는 게 당시의 브랜드 콘셉트 트렌드였다. 서경배는 고개를 살짝 갸우뚱하며 말했다.

"다 좋은데요. 이니스프리도 꼭 외국 것으로 해야 합니까?"

"신비롭고 동경할 만한 곳, 이니스프리처럼 깨끗한 이미지를 담은 곳으로는 그리스 산토리니가 가장 잘 어울리는 것 같긴 합니다."

그의 질문에 한 직원이 의견을 냈다.

"아일랜드 시인 예이츠가 이니스프리를 이상향, 가고 싶은 상상의 섬으로 표현했으니까, 오히려 우리 주변과 동떨어진 먼 곳의 이국 땅을 콘셉트로 가져오는 것도 나쁘지 않은 것 같은데요?"

또 다른 직원이 의견을 더했다.

서경배는 여러 사람의 말 한 마디 한 마디에 귀를 기울였다. 그리고는 혼자 긴 생각에 잠겼다. 서경배 특유의 모습이었다. 회의를 하다가도 마음에 걸리는 것이 있거나 중요한 결정을 할 땐, 그대로 멈춰서 몇 분씩 긴 생각에 잠겼다. 그를 잘 아는 임원들은 그런 서경배를 기다렸다. 5분 정도 지났을까, 서경배가 말을 꺼냈다.

"여러분들의 의견도 이해합니다만, 오히려 그렇게 상상 속의 섬, 휴식의 섬일수록 가까이 있는 우리나라의 섬으로 이야기를 풀어보면 어떨까요? 상상 속의 섬이 지상으로 떨어진 게 제주도가 되는 거죠. 이니스프리도 브랜드가 되고, 제주도도 브랜드가 되는 겁니다."

제주도를 특별하게 만들어야겠다고 오래 생각해왔던 그가, 마침내 이니스프리로 그 생각을 완성할 연결 고리를 찾은 것이다.

"제주도에서 나오는, 아직 알려지지 않은 수많은 자연 원료들이 신비로운 섬에서 나온 신비로운 원료가 되는 거고요. 제주도의 좋은 이야기를 하면 이니스프리가 좋아지고, 이니스프리가 국내뿐만 아니라 외국에도 잘 알려지면 제주도도 전 세계에 더 많이 알려지는 거죠. 모두에게 특별한 섬이 되는 거예요."

서경배의 말에 모두 고개를 끄덕이며 공감했다. '역시…'
라며 속으로 감탄하는 사람도 있었다.

곧 이니스프리와 제주도를 매칭하는 작업이 시작됐다.
직원들은 제주도에서 찾을 수 있는 원료들을 공부하고 모
았다. 서성환 회장의 오랜 꿈이 담긴 녹차가 이니스프리의
첫 번째 원료가 되었다. 세계 최초로 녹차를 원료로 한 화
장품이 만들어진 것이다.

일상에서
예술을

벌써 세 시간째. 서경배가 집무실에 앉아 신사옥이 지어질 용산 부지의 사진을 들여다보며 긴 생각에 잠겨 있다. 혼자서는 7시간도, 8시간도 생각에 잠기는 그였다.

'세상을 조금 더 아름답게 할 수 있는 일… 우리가 할 수 있는 일…'

머릿속에 오랫동안 머물러 있던 생각이었다. 그는 의자에서 일어나 창밖을 내다보았다. 바깥 풍경 속의 사람들은 모두 앞만 보고 걷고 있었다. 도시 안에서 사람들에게 주어

진 길은 좁았다. 옆이나 뒤는 돌아볼 수 없을 정도로 효율성만을 따져 빽빽하게 구획된 결과였다. 서경배의 입에서 조용한 한마디가 흘렀다.

"새로운 미를 창조하는 공간, 누구나 올 수 있는 열린 공간."

다시 정적이 흘렀다. 서경배는 책상으로 다시 돌아가 앉았다. 그리고 수첩에 무언가를 적었다.

'새로운 사옥의, 새로운 미술관.'

사실 미술관은 아모레퍼시픽에게 생소한 공간이 아니었다. 서성환 선대회장 시절부터 자연스럽게 펼쳐온 문화 활동의 하나였다. 선대회장이 40일간의 유럽 여행길에서 본 루브르박물관은 '한국의 아름다움을 보여주는 박물관' 설립이라는 꿈을 심어주었고, 10여 년 후 화장품과 장신구를 모은 '태평양박물관'을 개관했다. 이후 아모레퍼시픽미술관으로 명칭을 바꾸고 고미술과 현대미술을 아우르는 미술관으로 지평을 넓혀왔다. 서경배의 생각은 여기서 그치지 않고 '새로운 미술관'으로 이어졌다.

'단순히 작품을 모아서 보여주는 것이 아니라 새로운 아름다움을 만드는 공간이 되어야 해. 조금 더 살아 있는 공간. 작가들이 각자의 방식으로 창조한 동양의 아름다움과 새로운 아름다움을 함께 보여주는 그런 미술관이면 어떨까? 일반 미술관처럼 매번 전시 주제를 바꾸자. 그럼 사람들이 한 번 들러 관람하고서 다시 안 가는 곳이 아니라, 매번 기대하는 곳이 될 거야. 그러려면 언제나 쉽게 왔다 갔다 할 수 있으면 좋겠지. 마치 광장처럼!'

그의 생각은 꼬리에 꼬리를 물고 더 깊어졌다.

'예술이라는 게 살아온 시간을 목격하는 일이잖아. 사람들이 건조한 일상에 감성적 카타르시스를 느끼고 갈 수 있다면 얼마나 좋을까.'

2017년 11월 아모레퍼시픽 신사옥 지하 1층에는 미술관이 들어설 것이다. 누구에게나 개방된 미술관이다. 미술관 진입로도 공원과 자연스럽게 연결될 것이다.

서경배는 의자를 돌려 다시 창문을 바라봤다.
'사람은 적어도 하루에 한 번 노래를 듣고, 좋은 시를 읽고, 아름다운 그림을 봐야 한다'는 괴테의 말을 되새겼다. 오후 3시의 하늘을 올려다봤다. 구름 한 점 없는 청명한 하늘이었다.

> **예술이란 살아온 시간을 목격하는 일이다.**

무궁화를
다시 보다

"무궁화요?"

상품 개발 담당 상무는 눈을 한 번 껌벅이며 물었다.

"네, 무궁화요."

서경배는 고개를 끄덕이며 대답했다. 화장품 재료로 다루어진 적이 한 번도 없는 꽃이었다. 무궁화로 화장품을 만들면 어떤 장점이 있을지는 아무도 몰랐다. 연구조차 해본 적이 없었기 때문이다.

"무궁화를 연구해봅시다. 힘이 있는 꽃이니, 분명 뭔가 있

을 거예요."

단순히 '감'만으로 무궁화 연구를 제안한 것은 아니었다. 그날 서경배와 상품 개발 담당 상무는 긴 대화를 이어나갔다. 서경배는 자신이 왜 무궁화를 선택했는지 천천히 설명했고, 상무는 서경배의 생각을 정확히 이해하고 받아들였다. 곧바로 팀이 꾸려져 무궁화에 대한 연구가 시작되었다.

그로부터 몇 년이 흐른 어느 날, 서경배의 응접실에 가깝게 지내는 교수가 찾아왔다.

"회장님 잘 지내셨어요?"

"잘 지냈죠. 어떻게 지내셨어요? 참, 제가 선물 하나 드릴게요."

서경배는 매우 들떠 보였다. 교수는 서경배의 밝은 표정을 보며 궁금해졌다.

'도대체 어떤 선물일까? 여행지에서 산 기념품? 화장품?'

회사를 위한 조언을 아끼지 않는 그에게 서경배는 늘 부담 없는 작은 선물로 마음을 표현해왔다. 남미를 다녀오면서는 커피콩이 들어 있는 초콜릿, 어떤 때는 와인이나 책. 하지만 가장 많이 받은 선물은 단연 아모레퍼시픽의 제품들이었다. 서경배는 이번에도 교수 앞에 화장품 하나를 내밀었다.

"마몽드에서 만든 건데, 이번엔 무궁화입니다."

늘 꽃을 테마로 제품을 만드는 마몽드이기에, 교수는 무궁화에서 추출한 성분으로 만든 화장품이라는 것을 단번에 알아차렸다. 교수가 화장품 상자를 열자 서경배는 다시 말을 이었다.

"신제품이 나오기까지 힘든 시간의 연속이지만, 신제품이 나오면 이렇게 기쁘네요. 요즘 제 마음은 꼭 축제 같습니다. 직원들도 기뻐하니 더 좋네요."

"네, 정말 그러실 것 같아요. 그런데 무궁화로 만든 화장품은 처음 보네요."

"사람들한테 어떤 꽃을 좋아하느냐고 물어보면 대부분

장미나 프리지어, 튤립을 말하죠. 벚꽃은 말할 것도 없고요. 무궁화가 우리나라 국화인데, 국화다운 대접을 너무 못 받는 것 같아서 안타까웠어요. 사람들은 무궁화에 벌레가 많이 있다고 싫어하는데, 무궁화를 잘 몰라서 그런 거예요."

교수가 동의한다는 듯 고개를 끄덕였다.

"그래서 무궁화로 화장품을 만드셨군요. 무궁화에 좋은 효능이 많았나 봐요?"

"한여름에도 100일 동안 5000송이는 거뜬히 피워낸대요. 역시 그런 강인한 생명력이 있어서인지 화장품으로도 제격이더라고요."

"무궁화, 그 이름처럼 무궁무진하네요!"

교수가 서경배의 말에 맞장구를 치며 웃었다.

사람을 위한
건물

"이 설계안으로 결정합시다."

서경배는 확신에 찬 어조로 경영진에게 말했다.

"기왕 짓는 건데 더 높게 하는 게 낫지 않을까요?"

"동의합니다. 몇 층 더 높아지면 그만큼 수익도 올라가지 않습니까?"

대다수의 임원진은 그의 결정에 동의할 수 없었다. 많은 이들이 당황스러워했다. 좋은 기회를 바로 코앞에서 놓쳐 버리는 것만 같았다. 법적으로는 30층까지 지을 수 있었음에도 서경배가 선택한 설계안은 응모작 가운데 가장 낮은 21층 사옥이었다.

"당연히 이해하시기 힘드실 겁니다. 하지만 저는 용산 신사옥이 기업의 과시용이 아니었으면 합니다. 신사옥은 저희에게, 그리고 공공에게도 좋은 공간이길 바랍니다."

서경배는 두 손을 모아 책상 위에 올리며 천천히 말을 이었다.

"저도 높고, 화려한 건축이 좋은 건축이라고 생각했어요. 밖에서만 건축을 봤던 거죠. 회사가 안정기에 접어들면서 낡은 건물을 새로 짓고 싶다는 생각이 들었어요. 그때부터 건축에 대한 공부를 해보니, 건물은 겉모습도 중요하고 안에서 밖을 바라봤을 때 보이는 모습도 중요한 것이더라고요. 어떤 건물은 밖에서 볼 때 거대한 위용으로 사람들에게 위압감을 주기도 하죠. 그런 건물은 우리와 맞지 않습니다. 우리는 사람이 주인이 되는 건물, 공간 안에 머무르는 사람이 중심이 되는 그런 건물을 만들어야 한다고 생각해요."

경영진은 여전히 이해하지 못한 얼굴이었다. 한 임원이 우물쭈물하며 질문했다.

"그걸 사람들이 알아줄까요?"

"한국 건축물 중에 '서원'이라는 특이한 형태가 있어요. 저도 예전엔 별다를 것 없는 건물이라고 생각했죠. 그런데 언젠가 서원 안에 들어가 그 공간을 봤어요. 학생들이 머무르는 공간은 아침에 문을 열면 경건한 풍경을 맞이할 수 있게, 스승이 학생을 가르치는 공간은 창을 통해 가장 좋은 자연 풍경을 바라볼 수 있게 되어 있었어요. 창을 액자처럼 활용해 자연 풍경을 건축을 구성하는 일부로 수용했던 조상들의 지혜죠. 우리가 창의력, 소통을 말하지만 강요한다고 되는 게 아니에요. 좋은 공간에 있어야 그런 것들도 자연스럽게 나옵니다. 자, 우리 다른 생각은 다 털어버리고 이왕 짓는 거 최고로 잘 지은 건물로 만듭시다."

그의 설명을 들은 경영진들은 더는 반박할 수 없었다. 공감할 수 있는 이야기였다.

아모레퍼시픽의 비전인 '원대한 기업'을 실현하기 위해서는 직원과 직원 사이, 부서와 부서 사이의 원활한 소통과 창의성이 중요하기 때문이다.

참석자들이 공감하자 기분 좋은 웃음이 퍼져나갔다.

"다시 보니 이 설계안이 제일 좋네요. 이것으로 하시죠!"

• •

장떡
먹는 날

1월의 어느 날, 아모레퍼시픽 구내식당 테이블마다 장떡이 올라왔다. 식사에 곁들여진 장떡은 이날 점심의 주인공이었다. 직원들의 대화는 장떡에서 시작해 회사 이야기로 자연스럽게 흘러갔다.

"장떡이 작년보다 맛있게 되었네."

"우리 회사도 그렇게 어려울 때가 있었는데 말이야."

"선대회장님은 회사가 이 정도로 성장해 글로벌 회사가 될 걸 예상했을까?"

구내식당 구석의 한 테이블에서도 장떡을 놓고 대화가 한창이었다. 신입사원들도 선배들과 장떡을 맛보며 신기하다는 표정을 지었다.

"드디어 맛보네요. 그 말로만 듣던 장떡!"

"생각보다 소박하네요. 옛날에 만들어 먹던 방식 그대로 만든다면서요?"

"그렇지, 그 시절을 생각하자는 의미니까. 아마 밀가루랑 고추장만 들어갔을 거야. 그래도 생각보다 맛있어. 어서 먹어봐."

"저는 면접 때 장떡에 관해 얘기했었어요. 선대회장님이 1년에 한두 번씩 가족들이랑 장떡을 드시면서 초심을 되새겼던 것처럼, 저도 매년 1월, 회사에서 주는 장떡을 먹으며 회사의 뿌리와 입사 때의 초심을 잊지 않겠다고요."

"오, 그래? 그럼 오늘 장떡 많이 먹어야겠는데?"

모두가 장떡을 맛보았다. 신입사원도 대리도, 차장도, 상무도, 각 영업점 직원들도 이 특별한 음식을 진심으로 맛있게 즐겼다.

"그런데 서경배 님은 장떡 드시면서 무슨 생각을 하실까요?"

"아버지 생각이지, 당연히. 서경배 님에게 아버지가 얼마나 애틋해. 내일이 추모식이니까 오늘 아마 더 마음이 짠하실 거야."

"그러게요. 우리 회사 창립기념일만 봐도 느껴져요. 선대회장님이 전쟁터에 끌려갔다가 베이징에서 제대해서 한국에 돌아온 날을 창립기념일로 지정하셨잖아요. 서경배 님이 선대회장님을 생각하는 마음이 깊으신 것 같아요."

"그렇지, 아버지이기도 하지만, 이 회사의 뿌리라고 생각하시기도 하니까."

"어, 서경배 님이다!"

서경배가 임원 몇 명과 함께 구내식당에 들어섰다. 그는 장떡을 받아 빈 테이블로 가서 앉았다. 몇몇 직원들과 눈을 마주치며 인사하고는 장떡을 한입 베어 물었다.

멀리서 서경배를 바라보던 신입사원이 말을 이었다.

"서경배 님이 가장 닮고 싶은 사람은 아마 아버지일 거예요. 저번에 어디서 읽었는데 어려운 결정을 앞두고는 항상 '아버지라면 어떻게 하셨을까?' 생각하신대요."

"응, 나는 저번에 상무님께 들었는데, 선대회장님이 병원에 입원하셨을 때 서경배 님이 병문안을 하루도 안 빼놓고 매일 가셨대. 아무리 바빠도 잠깐이라도 찾아뵀대. 그때 부자간의 대화도 많이 하고, 회사 일을 의논하기도 하고, 남자 대 남자로도 많은 이야기를 했다고 하시더라고."

　신입사원들이 다시 서경배가 앉은 테이블 쪽을 바라보았다. 그는 직원들이 장떡을 먹는 모습을 보며 흐뭇하게 웃고 있었다.

중국을
사로잡은 비결

　휴대전화 진동이 기다렸다는 듯 연달아 울렸다. 비행기가 착륙하고, 게이트를 통해 공항으로 들어가면서 서경배는 휴대전화의 비행모드를 해제했다. 바로 수신 목록에 뜬 번호로 전화를 걸었다.

　"방금 한국에 도착했습니다."

　"네, 외국 갔다 오시는 길인 것 같았습니다. 이번 모임 일정 잡으려고 연락드렸습니다. 이번엔 어디 다녀오시는 길이세요?"

"중국에 다녀오는 길입니다."

"중국은 100번도 넘게 가신 것 같아요."

"100번 넘었죠. 아마도 120번 넘게 다녀온 듯합니다. 1992년부터 쭉 중국에 갔으니까요."

"이제 중국 사업도 제법 안정기에 들지 않았나요?"

"한 치 앞을 모르는 게 사업이지 않습니까. 더군다나 남의 나라에서 물건 파는 건 녹록지 않더라고요. 이번엔 지방 도시들만 네 군데 다녀왔어요."

"이제 편하게 일하셔도 되지 않으세요? 각 분야의 직원들이 알아서 딱딱 해주고 있고, 현지 상황이야 다녀온 직원들 얘기 들으시면 되잖아요."

"대충 아는 것과 직접 보는 것은 다르니까요. 그리고 제가 직접 움직이고 먼저 알아야 직원들한테 새로운 화두를 던지죠. 책임은 내가 질 테니 마음껏 해보라고 할 수 있게요. 결국 모든 답은 현장에 있더라고요."

서경배는 지인과 약속을 잡고 통화를 끝낸 후 차에 탔다. 인천공항에서 회사로 가는 길, 서경배는 20년 전의 일을 떠올렸다.

1994년, 서성환 회장은 서경배를 불러 이야기했다.

"프랑스 사업이 계속 적자다. 네가 한 번 맡아서 해결해봐라."

엉겁결에 사업을 넘겨받은 그는 바로 프랑스로 갔다. 가장 먼저 현황을 파악하기 위해 판매처를 방문했다. 그리고 약국 귀퉁이 선반에 내팽개치듯 쌓여 있는 태평양화학의 제품 'SOON'을 보았다.

'아니, 왜?'

서경배는 도무지 알 수 없었다. 수입상의 말에 따라 피부가 민감한 프랑스인에게 맞게 저자극성 화장품을 수출했고, 그들이 발음하기 쉽게 제품명도 순정에서 'SOON'으로 바꿨다. 하지만, 제품 위에 뽀얗게 쌓인 먼지가 모든 걸 말해주고 있었다. 그는 'SOON'의 프랑스 사업을 전면 철수했다. 모든 제품을 회수하고 반품처리까지 깨끗하게 마쳤다. 총 50억 원의 손해를 봤다. 하지만 그는 분명한 사실 하나를 깨달았다.

'다른 나라 사람의 마음을 얻는다는 건 쉬운 일이 아니야. 진짜 제대로 된 조사가 필요해. 그들의 삶과 마음부터 제대로 이해해야 돼.'

프랑스 사업에서 잃은 50억 원은 더 큰 값어치로 돌아왔다. 그날의 일을 뿌리 깊은 교훈이 되었고 10년 뒤, 중국이라는 거대한 대륙에 '라네즈'라는 브랜드를 성공적으로 안착하게 하였다. 중국인의 마음을 사로잡는 브랜드로 말이다.

'더 철저히, 더 열심히 시장조사를 해야 해. 문화, 제도, 경제 수준 등 모든 것을 다각도로 보고, 직접 현장에 나가서 몸소 느껴야 돼.'

서경배는 그때 했던 결심을 다시 떠올렸다.

> 단순히 화장품을 파는 것이 아니라
> 아름다움을 팔라.
> 상품이 아니라 관계를 팔라.

한 달 내내

늦은 밤, 책을 읽고 있던 생태학자 최재천 교수의 휴대전
화에 문자 메시지가 들어왔다.

'혹시 지금 통화 괜찮으십니까?'

서경배가 보낸 문자였다. 교수는 곧바로 서경배에게 전
화를 걸었다. 서경배는 반갑게 받았다.

"밤늦게 실례합니다. 제가 지금 《총, 균, 쇠》를 읽고 있는
데 명확하게 의미를 이해하고 싶은 부분이 있어서요."

"아, 그렇군요. 《총, 균, 쇠》라, 잠시만요."

최재천 교수가 의자에서 몸을 일으켜 서가에서《총, 균, 쇠》를 꺼내 들었다.

"일단 제가 앞뒤 문맥을 살핀 후에 전화드리겠습니다."

10여 분 후, 최재천 교수는 서경배에게 다시 전화를 걸었다. 그는 빽빽하게 적어둔 메모와 노트를 보며 궁금한 것들을 하나하나 질문해나가기 시작했고, 최재천 교수의 대답은 막힘이 없었다. 쉽고 명확했다. 이들의 대화는 질문과 답에서 시작해, 토론으로 이어졌다. 새벽 두 시까지 토론은 계속됐다. 두 사람 모두 토론을 즐겼다.

서경배는 전화를 끊고 다시 펜을 들었다. 노트에《총, 균, 쇠》에 대한 내용과 생각을 다시 정리해나갔다. 조회사 준비라는 제목 아래로 많은 내용이 다시 빼곡히 채워졌다. 서경배가 달력을 바라보았다. '오늘이 15일이니까, 얼마 안 남았네'라고 생각하며 늦은 새벽이 되서야 침실로 들어갔다.

다음 날, 서경배는 부사장 회의, 부문장 회의, 부서장 회의 등 모든 회의가 끝난 뒤에는 자신이 준비한 조회사 초안을 두고 임원들과 의논했다.

"진화의 과정을 우리 사업의 확장 과정과 연결하려고 하

는데 괜찮을까요?"

"적응성에 대해 이야기하는 부분은 이 정도로만 다뤘는데 어떤가요?"

서경배는 회의 때마다 나오는 이야기들을 참고하며 고치고 고쳐나갔다. 정제되고 정제되어 이해하기 쉬운 핵심 내용만이 남았다.

조회사가 시작됐다. 서경배는 멕시코 이야기를 먼저 꺼냈다.

"지난 미국 출장길에 멕시코를 방문했습니다. 우리가 아는 멕시코의 대표적인 것들은 테킬라, 코로나 맥주, 나초 정도가 있겠죠. 그러나 멕시코는 생각보다 많은 스토리를 가진 큰 나라입니다."

직원들은 흥미롭게 이야기를 듣기 시작했다.

"사람들은 피라미드 하면 이집트를 가장 먼저 떠올리지만, 멕시코에도 세계에서 두세 번째로 큰 피라미드를 비롯한 많은 피라미드가 있습니다. 멕시코뿐만 아니라 우리가 알고 있는 다양한 문명은 모두 어디에서 비롯되었을까요. 저는 얼마 전 재레드 다이아몬드가 쓴 책《총, 균, 쇠》를 읽으며…."

서경배의 조회사는 멕시코에서《총, 균, 쇠》로, 다시 아모레퍼시픽으로 이어졌다.

"'총, 균, 쇠'는 남과 다른 우위점입니다. '총'은 우리로 치면 남과 다른 상품이라고 할 수 있겠죠. '균'이라 하면 희망 바이러스 혹은 고객의 마음에 드는 서비스라고 할 수 있고, '쇠'가 실제적으로 많이 이루어지고 있는 곳은 영업이나 SCM(Supply Chain Management, 공급망관리)입니다. 여러분도 한 번 고민해보시길 바랍니다. 어떻게 '총, 균, 쇠'를 가질 수 있을지, 다양한 사람들의 생각을 인정하고 받아들이며 진화하도록 합시다."

직원들은 조회사가 끝날 때까지 열중하는 모습이었다. 조회사의 초안과 중간 단계의 원고를 쭉 봐왔던 부사장은 조회사를 들으며 혼잣말을 했다.

"역시 이번에도 중간중간에 보여주신 내용과 완전히 달라졌네. 직원들에게 자신의 생각을 전하는 중요한 날이니 한 달 내내 고치고 또 고치시는 것이지만, 참 못 말리는 열정이야."

> 총·균·쇠는 우리만이 가진,
> 우리가 가진 것 가운데
> 남보다 뛰어난 우위 요소이다.

PART 3

함께,
더 멀리

오래가는
관계

30대 초반쯤 되어 보이는 두 남자가 카페에서 어색한 첫 만남을 갖고 있다.

"안녕하세요. 혹시 서경배 님이신가요?"

"예, 안녕하세요. 기다리고 있었습니다. 여기 앉으세요."

종업원이 주문을 받고 돌아서자 카페의 커다란 창문 밖으로 새파랗고 높은 하늘이 보였다. 통성명을 끝낸 두 사람은 자리를 주선해준 친구에 대한 이야기로 시작해서 자연스럽게 본론으로 들어갔다. 회사 일을 시작하면서 다방면으로 사업을 이해해야 하는데, 법률에 관해 물어보고, 상의할 사람이 있었으면 좋겠다는 서경배의 말에 대학교 동창인 친구가 마련해준 자리였다.

"군대를 갔다 오자마자 회사에 들어왔습니다. 회사가 조금 어려운 상황이라 제대하고 바로 다음 날부터 출근했어요. 아직 일을 다 파악하지는 못했어요. 한창 배우는 중이죠."

"그래도 경영학과를 나오셨으니, 금방 속도가 붙겠죠."

"그랬으면 좋겠네요. 제가 생각하기에 변호사라는 직업은 참 매력적인 것 같습니다. 그 어려운 사법고시에 10년이고, 20년이고 도전하는 사람들이 많은 걸 보면 말입니다."

서경배는 진지했다. 하지만 상대의 말에 귀를 기울이고 잘 웃어주었다. 변호사는 생각했다.

'이 친구는 참 모범생 같아. 그것도 잘 웃는 모범생.'

첫 만남이었지만 이들은 서로 통하는 게 많았다. 같은 또래인 이 둘은 일뿐만 아니라, 인간적인 관계도 이어가고 싶을 만큼 서로가 마음에 들었다.

일주일 후, 변호사에게 전화가 한 통 걸려왔다. 서경배였다.

"변호사님을 한 번 더 만나 뵙고 싶은데 괜찮으세요?"

오후 5시, 이들은 동부이촌동의 작은 식당 한구석에 자리를 잡고 앉아 이른 저녁을 먹으며 이야기를 시작했다. 대화는 역사, 책, 사회 이야기를 넘어 아모레화학의 사업 이야기까지 이어졌다. 서경배는 진심으로 여러 조언을 해주는 변호사에게 더욱 마음을 열었고, 변호사도 서경배의 말을 진지하게 들었다.

회사가 고비이던 시기에, 가장 어려운 부서인 기획조정실에 들어간 서경배에게는 많은 고민이 있었다. 그는 그동안 누구에게도 털어놓지 못했던 고민을 또래 변호사에게 이야기했다. 그들은 이미 좋은 친구가 되어가고 있었다. 어느새 3시간… 5시간… 6시간이 흘렀다.

시계를 보며 안절부절못하던 종업원이 결국 둘에게 다가왔다.

"말씀 중에 죄송합니다만, 저희 업무 시간이 종료되어서요."

"이런, 죄송합니다."

사과를 하며 주변을 둘러보니 모두가 나가고 남은 손님

은 자신들뿐, 이미 청소도 거의 끝나가고 의자도 테이블 위에 엎어져 있었다. 변호사도 시계를 보더니 눈을 크게 뜨며 놀랐다.

"저희가 시간 가는 줄 모르고 대화에 빠져들었네요."

식당을 나와 동부이촌동의 좁은 골목과 작은 가게 사이를 나란히 걷는 두 사람은 이미 오랜 친구처럼 보였다. 서경배는 변호사에게 회사의 고문변호사가 되어달라고 정식으로 요청했다. 변호사의 법률적 지식과 판단력, 성품, 그리고 자신과 잘 통하는 면까지 모두 마음에 들었기 때문이었다. 그리고 한마디를 덧붙였다.

"서로 발전하지 않으면 관계는 멀어진다고 해요. 스스로 발전해야 서로의 관계도 발전하고 오래갈 수 있는 것 같습니다. 이 소중한 관계를 위해 저도 열심히 노력하겠습니다."

오래 함께하고 싶다는 서경배의 진심이자, 그 마음이 가득 담긴 당부였다. 그때의 당부 덕분일까, 20년이 지난 지금도 이들은 여전히 함께 성장하며 한결같고 막역한 사이로 단단한 우정을 쌓고 있다.

" 다른 이들과 활발하게 교류하는 데
가장 중요한 것은 열린 마음과
개방적인 자세이다. "

천천히
귀하게

"5분 전입니다."

"스탠바이, 3분 전!"

"오늘 기자님들 많이 오셨어요. 질문이 많을 거예요. 대답하기 어려운 질문이나 민감한 질문에는 바로 답변하기 곤란하다고 말씀하세요."

홍보 담당자가 긴장된 목소리로 서경배와 임원들을 향해 당부했다. 다른 회사의 대표나 임원이 기자회견 중에 관련 내용을 제대로 파악하지 못한 채 답변을 하다가 기업 이미

지에 손해를 입히거나 오해를 만드는 경우를 종종 봤기 때문이었다.

"네, 그래도 되도록 다 대답해드려야죠."

서경배는 편안한 표정으로 홍보 담당자에게 답하며 수첩과 A4 용지 한 뭉치를 손에 들었다. 펜이 잘 꽂혀 있는지 확인하기 위해 감색 양복 포켓 위로 손을 더듬어 한 번 더 확인했다.

간담회가 시작되었다.

"70주년을 맞이해 열린 미디어 간담회 자리에 찾아와주신 내빈 여러분 감사드립니다. 아모레퍼시픽은 70주년 의미를 다시 되새기며, 기업의 뿌리인…"

감회에 젖어 연설하는 서경배와 달리, 기자들은 질문을 정리하느라 분주했다. 드디어 질의·응답 시간. 기자들은 기다렸다는 듯 많은 질문을 던졌다.

"중국에서의 성과가 한류와 어떤 관계가 있다고 보십니까?"

"현재 평가된 주가에 대해서는 어떻게 생각하십니까?"

"아모레퍼시픽그룹 70주년이 회사 차원을 넘어 대한민국에는 어떤 의미가 있다고 보십니까?"

민감한 질문도 있었다. 홍보 담당자는 서경배의 대답에 촉각을 곤두세웠다. 하지만 서경배는 단 한 번도 당황하는 기색을 내비치지 않았다.

질문에 맞는 가장 정확한 답변을 하기 위해 수첩 위에 질문 내용을 빼곡히 적어 내려갔다. 서경배는 차근차근 질문에 대한 답을 하기 시작했다. 100퍼센트 확신할 수 없는 내용에 대해서는 솔직하게 확실하지 않다는 말을 덧붙여 답변했다.

서경배의 꼼꼼한 답변으로 시간이 지체되자 연신 시계를 보며 속을 태우던 사회자가 결국 마이크를 들었다.

"기자님들 시장하실 텐데, 점심을 준비하겠습니다."

기자들은 생각했다.

'형식적으로 질문 몇 개 받고 끝내겠다는 거군.'

사회자는 서경배와 눈빛으로 신호를 교환한 뒤 바로 말을 이었다.

"서경배 회장님께서 식사하시는 동안에도 질문은 계속 받으시겠다고 합니다. 식사 맛있게 하십시오."

이례적인 경우였다. 식사 도중에 질문을 받는 기업의 간담회 자리는 없었으니 말이다. 서경배의 식사는 가장 늦게 시작되고, 가장 늦게 끝났다.

두 시간의 질의·응답을 겸한 점심시간이 지난 후, 서경배는 주머니에서 꽤 많은 양의 명함을 꺼내 들고 무대 아래로 내려왔다. 기자 한 명 한 명에게 직접 명함을 건네며 인사했다.

"아까 하셨던 질문에 대답이 잘 됐는지 모르겠습니다. 혹시 답변이 충분하지 못했다면 미안합니다."

드디어 길고 긴 미디어 간담회가 끝났다. 대기실로 돌아온 서경배는 의자에 앉으며 짧게 숨을 내쉬었다.

"답변하신 내용 다 좋았어요. 질문을 너무 많이 받으셔서 식사도 제대로 못 하시는 것 같던데 괜찮으세요?"

홍보 담당자가 안타까운 듯 물었다.

"괜찮습니다. 아모레퍼시픽 하나 보고 시간 내서 찾아와 주셨는데, 최대한 성의 있게 답변드려야죠. 고생 많으셨습니다."

서경배는 자리에서 일어나 애써준 사람들에게 악수를 건

넸다. 대기실에 팽팽하게 감돌던 긴장감은 눈 녹듯 사라지고 있었다.

뉴욕 어느
레스토랑에서

"지금 뉴욕에 계신다고요? 저희 팀도 오늘 아침에 뉴욕에 도착했습니다. 뉴욕에서 제일 맛있는 음식을 먹어야 힘이 날 것 같습니다!"

뉴욕 출장 중에 마케팅 팀장에게 문자가 왔다. 서경배는 휴대전화 메시지를 받고는 반가운 표정을 지으며 바로 딸에게 문자 메시지를 보냈다.

"혹시 지난겨울에 시금치 파스타 맛있게 먹었던, 그 빨간 문의 이탈리안 레스토랑 이름이 뭐였는지 기억나니? 계단

두세 개쯤 있고 테이블 사이 간격이 좁아서 가끔 민망할 때도 있다고 했던 거기 말이야. 아니면 요즘 뉴욕에 가볼 만한 레스토랑 있으면 추천해주렴."

문자를 보낸 지 얼마 되지 않아 바로 답장이 왔다. 서경배가 물어본 레스토랑의 이름은 물론, 딸이 추천하는 레스토랑의 이름과 주소가 휴대전화 화면에 떴다. 서경배는 만족한 얼굴로 딸에게 고맙다고 답장한 뒤 마케팅 팀장에게 전화를 걸었다.

"하하, 메시지 잘 받았습니다. 뉴욕까지 오느라 고생 많으셨습니다. 제가 방금 딸에게 괜찮은 레스토랑 몇 군데 소개받았는데, 내일 그중 한 곳에서 식사하고 계시면 제가 잠깐 들르지요."

다음 날, 서경배는 딸이 추천한 이탈리안 레스토랑으로 들어섰다. 아모레퍼시픽그룹 직원 두 명과 프로젝트를 이끄는 교수가 일어나 서경배를 반겼다. 그는 혼자였다. 수행비서도 없었다. 서경배가 자리에 앉아 커피 한 잔을 시켰다.

"제가 선약이 있어 식사는 못 할 것 같습니다. 저 대신 오늘 맛있는 것 많이 드세요. 요즘 뉴욕에서 알아주는 곳이라

고 딸이 추천해줬어요. 뉴욕에서는 손님 대접을 제대로 받으려면 식사비의 두 배 정도 되는 와인을 마셔야 한다는 무언의 룰이 있다고 하네요. 물론 조금 짓궂은 농담이겠지만 그래도 오늘은 그 농담 핑계 삼아 제가 좋은 와인 하나 골라드릴게요."

서경배는 와인리스트를 보며 직접 와인을 주문했고, 지갑에서 100달러짜리 지폐를 여러 장 꺼내 마케팅 팀장에게 건넸다.

"맛있는 것 많이 드세요. 글로벌 매너도 체험하고요."

"아니, 왜 법인카드 두고 사비를 주세요?"

팀장이 의아한 표정으로 물었다.

"제가 개인적으로 마음을 전하는 거니까 당연히 제 사비에서 드려야죠."

직원들과 서경배는 서로를 바라보며 웃었다. 선선한 날씨의 가을밤, 뉴욕의 레스토랑 안에서 모두에게 오래오래 기억될 따뜻한 시간이 흐르고 있었다.

> 마음을 열기 위해서는
> 우리의 마음을 먼저 열고
> 마음속의 주파수를 상대와
> 맞춰야 한다.

책을
선물하는이유

"우와, 또 책 선물 받으셨어요?"

옆구리에 책이 든 서류봉투를 끼고 사무실로 들어서는 상무에게 한 직원이 물었다.

"어, 또 한 권 주셨어. 이번엔 무슨 책이려나. 너무 어려운 책이 아니면 좋겠는데 말이야. 하하."

"신의 물방울, 중국 역사책, 양손경영에 대한 책, 실크로드 화보, 김영갑 작가 사진집, 아시아 역사책 시리즈에 이어서 이번엔 과연 어떤 책일까요?"

직원이 너스레를 떨며 물었다.

"나도 모르지. 이번엔 따로 설명이 없으셨으니까. 그런데 책이 꽤 무거운데? 나 다 읽고 나면 다 같이 돌려 보자고!"

상무가 책상 위에 책을 올려놓으며 자리에 앉았다.

'과연 이번엔 어떤 책을 주신 걸까?'

그는 책이 든 서류봉투를 뜯기 직전엔 언제나 설렜다. 서경배는 늘 상대에게 필요한, 상대의 상황을 고려한 책을 선물해왔기 때문이다. 마케팅을 하는 사람에게는 사람들의 심리에 대한 이야기를 담은 책, 새로운 팀을 맡은 팀장에게는 역사를 바꾼 리더십의 비하인드를 담은 책, 연구원에게는 세상을 바꾼 놀라운 발견에 대한 책 등 한 명 한 명에게 맞춤형 책 선물을 하는 것으로 유명한 서경배였다.

상무가 궁금한 표정으로 책을 봉투에서 꺼냈다. 표지부터 남달랐다. 회색 바탕에 금색 테두리, 그 테두리 안에는 인자하게 생긴 한 남자의 흑백 사진이 있었다. 사진 아래 커다랗게 한자로 3자가 쓰여 있었다.

'鄧小平(덩샤오핑)'

1988년 홍콩에서 초판이 발행된 덩샤오핑 화보집이었다.

'덩샤오핑, 덩샤오핑이라….'

상무는 혼잣말로 덩샤오핑의 이름을 되뇌며 책을 한 장 한 장 넘겼다. 젊은 날의 덩샤오핑의 모습과 정치인으로서의 모습, 그리고 대중 앞에 선 모습 등 다양한 사진이 담겨 있었다.

상무는 서경배가 왜 이 책을 자신에게 주었는지 알아차렸다. 중국 관련 사업을 맡고 있는 상무에게 이 책은, 용기를 주기 위함이었다. 중국을 가능성의 나라로 만든 덩샤오핑처럼 상무 역시 중국을 가능성의 시장으로 만들어낼 것을 믿는다는 격려와 지지의 또 다른 표현이었다. 상무는 가슴이 뜨거워졌다. 자신을 향한 서경배의 믿음과 격려가 담겨 있는 선물임을 알 수 있었다.

상무는 다시 책을 한 장 한 장 천천히 넘기며 생각했다.

'덩샤오핑, 당신도 나처럼 키가 작았군. 그런데도 기적처럼 거대한 대륙을 일으켜 세웠지. 나도 당신처럼 멋지게 해낼 수 있을 것 같은 자신감이 드는데? 중국, 중국. 그래 중국!'

술은 제가
마시겠습니다

"간베이! 간베이!"

식사도 나오기 전에 술이 시작되었다. 대만 합작법인의 사장이 큰 소리로 건배를 외치자, 모두가 술잔을 단번에 비웠다. 서경배도 술잔을 비웠다. 술은 독했다. 서경배는 어젯밤 비행기에서 전무가 귀띔해준 말이 떠올랐다.

"거기 사장님이 중국에서 온 분인데, 술도 아주 잘하고 좋아하기로 유명하다고 합니다."

옆을 보니 정작 그 말을 해준 전무의 술잔은 거의 그대로

였다. 입만 겨우 댄 모양이었다. 상대 쪽에서는 다시 술잔에 술을 가득 채우고 있었다. 동시에 양주 세 병이 추가로 테이블 위에 놓였다.

"아, 오늘 엄청 마셔야겠는데요?"

전무가 앞에 앉은 대만 합작법인 사람들의 눈을 피해 속삭였다. 서경배는 고개를 살짝 끄덕였다. 피할 수는 없었다. 이 분위기를 흐려서는 안 된다고 생각했다. 해외 파트너들과의 좋은 관계는 매우 중요했다.

"술을 아주 잘 마시는군요. 이렇게 함께 술을 마시며 사업과 인생에 대해 진솔한 대화를 나눌 수 있어서 기분이 아주 좋습니다."

사장이 서경배에게 웃음을 띠우며 말했다.

옆에 앉은 전무는 그들이 권하는 술을 사양하느라 양손을 절레절레 흔들기에 바빴다. 술을 조금만 마셔도 그대로 잠들어버리는 전무는 조금씩 무장 해제되고 있었다.

'차라리 잠들어요. 그게 나을 거예요.'

서경배는 술을 못하는 전무가 더 괴로워질까 봐 걱정이 됐다.

이때 "옆에 앉은 전무는 술을 못합니까?"라며 상대가 서경배에게 물었다.

"네, 이 사람은 술에 약합니다. 저한테 한 잔 더 주십시오."

서경배는 웃으며 술잔을 내밀고, 상대편 사장에게도 술을 따라주었다. 상대는 그런 그의 모습을 흐뭇하게 바라보며 다시 술을 따랐다. 그들 사이에서 계속해서 술잔이 오갔고, 새벽 3시가 넘어서야 끝이 났다.

잠들었던 전무가 깼다. 잠이 덜 깬 눈으로 주변을 둘러봤다. 모두가 취해 있고, 서경배도 축 처진 모습으로 앉아 있었다. 테이블에는 양주 여덟 병이 놓여 있었다.

'여섯 명에서 여덟 병이나 마신 거야?'

전무는 고개를 절레절레 흔들었다.

그날 아침, 두 사람은 부랴부랴 공항으로 가 가까스로 한국으로 돌아가는 비행기에 탑승했다. 전무는 새벽까지 고생한 서경배에게 미안했다. 전무는 신문을 뒤적거리다가 무겁게 입을 뗐다.

"속은 괜찮으세요? 혼자 힘드셨죠."

서경배는 괜찮다는 표정을 지으며 대답했다.

"아니에요. 술도 잘 못 드시는데 그런 자리에 있게 해서 제가 죄송하죠. 정말 고생 많았어요."

평범함을
비범함으로

다양한 직급의 직원들과 함께 서경배는 외국의 한 공항에 도착했다. 새로운 시장 진출을 앞두고 시장조사를 나온 것이다. 다들 짐을 찾으러 바쁘게 걸어 나가는데 서경배가 의자 앞에 멈춰 섰다.

"잠시만요. 여기 앉아서 조금만 기다려줄래요?" 하고는 면세점으로 들어가더니 주류코너에서 걸음을 멈췄다. 그 모습을 멀리서 바라본 직원들은 궁금해졌다.

"왜 무겁게 술을 지금 사실까요? 한국 돌아갈 때 사시지."

"글쎄, 어디 선물하실 데가 있으신가?"

직원들이 그를 기다리며 대화를 하는 사이, 서경배는 양손 무겁게 쇼핑백을 들고 나왔다. 그리고는 "기다리게 해서 미안합니다" 하며 앞장섰다.

일행은 호텔로 이동해 짐을 풀고 점심을 먹은 뒤 백화점, 마트, 로드샵을 다니며 시장조사를 시작했다. 현지 브랜드의 매장에도 방문하고, 카페에 앉아 지나가는 사람들을 관찰하기도 했다. 종일 바쁘게 다닌 후 저녁 식사를 마치니 어느새 늦은 밤이었다. 각자 방으로 돌아가기 전 서경배가 말했다.

"오늘 모두 고생하셨습니다. 방에서 쉬다가 컨디션 괜찮은 분들은 두 시간 후에 제 방으로 와주세요."

두 시간이 지나자, 모든 직원이 서경배의 방에 모였다. 서경배는 면세점에서 샀던 술 두 병을 꺼냈다.

"이거, 제가 한 잔씩 따라 드리고 싶어서 샀어요."

직원들은 술이 담긴 상자를 보며 기분 좋게 반겼다.

"우와! 이 좋은 술을 여기서 만나다니!"

술을 좋아하는 한 직원이 입꼬리를 올리며 신나했다. 다

른 직원들도 이런 자리가 반가웠다.

서경배는 한 명 한 명에게 술을 따라주고, 또 술을 받았다. 오고 가는 술잔 사이에서 사람들은 저마다의 이야기를 꺼냈다. 누군가는 삶에 대해, 누군가는 일에 대해, 또 다른 누군가는 개인적인 고민에 대해 이야기했다.

모두가 편안함을 느끼는 밤이었다.

"자, 이제 각자 방에 가서 쉴까요?"

서경배가 술자리를 마무리하는 말을 꺼냈다. 그는 직원들과 눈을 마주치며 말을 이었다.

"우리는 팀이 됩시다. 스타플레이어로 누구 하나가 잘해서 팀을 대표하는 게 아니라, 다 같이 잘하는 팀이요. 평범한 사람들이 모여 비범한 결과를 만드는 게 가장 멋진 일 아닐까요?"

서경배의 말에 직원들은 자신감이 높아졌다. 그리고 정말 힘을 모아서 잘 해내야겠다는 다짐을 했다. 그렇게 모두는 하나가 되어가고 있었다.

사람이
답이다

　전남 여수 공항에서 광양으로 가는 길이었다. 서경배는 차창 밖으로 펼쳐진 풍경에서 눈을 떼지 못했다. 노량 앞바다. 그는 창문을 내려 바닷바람을 맞았다.

　"무슨 생각하세요?"

　옆에 앉아 있던 한 임원이 먼저 말을 꺼냈다. 오랜 시간 정적이 흐른 후였다. 서경배는 창문을 올린 후 입을 뗐다.

　"이순신 장군이요. 저 바다를 보니 거북선으로 왜구를 격퇴하고 승리하는 모습이 그려지네요. 임진왜란 마지막 전투. 거북선은 지금 봐도 정말 대단해요."

"혁신적인 전략 무기였죠."

"아래층에서는 안전하게 노를 젓게 하고 위층에서는 화
포를 쏠 수 있게 구분을 지어 효율성을 높였어요. 안에서는
밖을 볼 수 있지만, 밖에서는 안을 볼 수 없게 해서 공격의
방향을 적에게 노출되지 않게 한 거예요."

서경배는 거북선을 실제 보고 있는 것처럼 생생하게 묘
사했다.

"거북선이 전쟁을 승리로 이끄는 데 한몫했죠."

"거북선을 만드는 데 큰 역할을 한 분이 나대용 장군이에
요. 그분이 태종 때 만들었던 거북선을 다시 만들자고 제안
했고, 이순신은 그를 조선 최고의 선박 기술자로 크게 아껴
서 거북선을 만드는 데 물심양면으로 지원을 해줬다고 합
니다. '사람'이 해낸 거죠. 회사도 마찬가지인 것 같아요. 결
국, 회사의 경쟁력은 사람에게 있더라고요."

"네, 사람이 있어야 회사도 존재하죠."

'할머니 혼자서 하시던 일을 아들이 함께해서 좀 더 규모
가 커졌고, 아버지가 사람을 모아 체계를 잡으면서 회사가
됐고….'

서경배는 잠시 옛 생각에 잠기며 말을 이었다.

"선대회장님 때 코티분 개발한 이야기를 아세요? 당시 굉장히 혁신적인 제품이었잖아요. 제품 개발이 가능했던 것이 화장품을 제분하는 에어스푼을 도입했기 때문이거든요. 그 기계는 회사 연구실장님이 독일 유학 중에 알게 되어 도입한 거예요. 당시에 화장품 선진국인 유럽의 생산 시설이나 원료 정보 등을 파악할 수 있었던 것도 아버지께서 연구실장님을 독일로 유학을 보냈기 때문에 가능했던 일인 거죠. 좋은 인재를 뽑는 것도 중요하지만, 끊임없이 배움의 기회를 주어야 해요. 그래야 함께 성장하는 거죠."

"10여 년 전부터 진행된 혜초 프로젝트의 시작도 그때였네요. 우리 회사는 교육 기회를 참 많이 주죠. 저도 여기서 석·박사 과정을 다 마쳤으니까요. 조찬 모임, MBA스쿨도 있었죠. 다양하게 마련된 배움의 장 덕분에 제가 한 단계 더 성장했어요. 아직도 우리 애들보다 제가 더 많이 공부한다니까요."

서경배는 웃으며 말했다.

"모든 분이 열심히 해준 덕분입니다. 배우고자 하는 마음만 있다면 회사는 다 지원해주고 싶어요. 사람이야말로 회사가 가고 싶어 하는 곳에 도달할 수 있게 하는 힘이니까요."

모두가
행복한 회사

"여기예요!"

서경배가 손을 들며 반겼다. 퇴사한 임원과 오랜만에 갖는 점심 자리였다.

"여기 동태탕, 참 그리웠습니다. 잘 지내시죠?"

"그럼요. 잘 지내죠."

서경배의 얼굴에는 반가움이 가득했다. 동태탕이 식탁 가운데서 보글보글 끓어오르자 서경배는 그릇에 동태를 가득 담아주며 말했다.

"많이 드세요. 방금 결정을 하나 하고 왔어요. 신사옥 2층을 어떻게 활용할지 의견이 분분했었거든요."

"그래요? 거기에 뭐 하기로 하셨어요? 카페요?"

상대가 국그릇을 받으며 궁금해했다.

"카페 얘기도 나왔었죠. 직원들은 카페가 있으면 좋겠다고 했어요. 의견이 다양해서 고민을 많이 했어요."

잠시 뜸을 들이던 서경배는 밝은 얼굴로 말을 이었다.

"어린이집을 만들기로 했어요."

"어린이집이요?"

퇴사한 임원의 젓가락이 잠깐 멈췄다.

"어린이들이 있는 곳이 아래층과 가깝게 있는 게 더 좋죠. 공원도 가깝고요."

서경배는 들뜬 얼굴로 말했다.

"예전에도 본사 건물 옆에 어린이집이 있었잖아요. 놀이터에 회전 뱅뱅이가 좌악 돌아가고, 더운 날엔 저도 아이들이랑 같이 뛰어놀고 싶더라니까요."

아모레퍼시픽이 기존에 운영해온 어린이집은 아이들이 신나게 하루를 보낼 수 있게 자연 친화적으로 시공하고, 지

적 호기심을 키울 수 있도록 양질의 보육프로그램을 갖췄다. 본사뿐 아니라 수원, 용인 등 지방에도 어린이집을 개원했다. 그때나 지금이나 서경배의 마음은 변함이 없었다.

"결혼한 직장인의 최대 고민이 육아잖아요. 육아 때문에 항상 전전긍긍하고, 결국 경력이 단절되고, 심지어 아이 갖는 걸 피하고. 우리 직원들만큼은 편하게 마음 놓고 일했으면 좋겠어요. 우리나라가 선진국으로 발전하려면 여성 인력 활용이 무엇보다 중요해요. 최근에 뽑은 신입사원의 40%가 여성이에요. 이들이 계속 일할 수 있으려면 회사에서 일에 집중할 수 있는 환경을 조성해주는 게 중요하죠."

"저도 회사에서 일하면서 참 좋았어요. 어린이집도 그렇고, 가족 프로그램도요. 저희 팀원이었던 한 친구는 전용 의자, 다리 붓기 방지 발 받침대 그리고 또 하나 뭐였더라. 아! 전자파 차단 담요! 회사에서 나눠주는 임산부 3종 세트를 보고 아이를 가져야겠다고 우스갯소리로 말했다니까요."

"정말요? 하하. 다행입니다. 몇 년 전에 부탄에 갔을 때 보니, 한 사원에서 승려 4만여 명이 국민 70만여 명의 행복을 위해 한 명 한 명 기원해주더라고요. 저도 그러고 싶어요.

우리 임직원 모두가 행복할 수 있는 회사가 되었으면 좋겠어요."

"이미 그런 것 같은데요?"

식탁 위에서 동태탕은 더 맛있게 끓고 있었다.

직원의 이름을
불러주는 CEO

"아무래도 일주일 정도 입원을 하시는 게 좋겠습니다."

의사가 단호하게 말했다. 어쩔 도리가 없었다. 다리는 부러졌고, 인대도 늘어났다. 걸어서도, 움직여서도 안 된다.

'큰일이군. 할 일이 많은데…. 그럼 병원에 있는 동안에는 뭘 하지?'

한숨을 내쉬며 병실로 올라온 서경배는 침대에 몸을 눕히자마자 비서에게 전화했다.

"스키를 타다 다쳐서 갑자기 병원에 입원하게 되었어요.

일주일만 일정 비워주세요. 그리고 인사팀에 요청해서 인사카드 좀 받아서 갖다줄래요?"

"아, 괜찮으세요? 편하게 쉬셔야죠. 인사카드는 다음에…"

비서가 말끝을 흐렸다.

"괜찮아요. 꼭 가져다주세요. 부탁드려요."

놀란 비서와 달리 서경배는 긍정적으로 생각했다.

'그래, 이번 기회에 우리 직원들에게 더 관심을 가져보자. 늘 하고 싶었던 거잖아.'

비서에게 요청을 해두고 나니 인사카드가 더욱더 기다려졌다.

서경배는 입원 기간 내내 직원들의 인사카드를 읽었다. 사진을 보고 얼굴을 익히고 이름을 외웠다. 누가 누구인지 차근차근 파악해나갔다. 예전에도 지금도 이 회사에 제일 중요한 것은 사람이라는 생각은 변함없었기 때문에 함께 일하는 직원들의 얼굴과 이름은 많이 알면 알수록 좋다는 생각을 늘 갖고 있었다.

서경배는 병원에 입원해 있는 며칠 새 500장을 넘겨 600장에 가까운 인사카드를 보았다. 이제 엘리베이터 앞을 지나치며 인사를 보냈던 직원의 얼굴이 떠오르고, 보고서에서 이름만 보았던 직원이 누구인지 알 수 있게 되었다.

　퇴원 후 서경배는 직원들과의 회의 자리에서 처음 보는 직원의 이름을 부를 정도가 되었다. 직원들은 자신의 이름을 먼저, 정확히 불러주는 서경배를 보며 깜짝 놀랐다. 언젠가는 회식 자리에 합석한 대리의 이름과 전공까지 알고 있어 모두를 놀라게 했다.

　사실 서경배는 그 이전부터도 기억력이 매우 좋은 것으로 유명했다. 500명이 넘는 과장급 이상 직원들의 이름을 한 명 한 명 다 기억할 정도였다. 1년에 한두 번 보는 연구소의 팀장 60~70명의 이름을 기억하는 것도 그에게는 당연했다. 딱 한 번 인사했던, 그리고 6년 후에 회식 자리에서 다시 만난 직원의 이름도 바로 기억해내며 자신의 자리 옆자리에 앉으라고 권하기도 하는 그였다.

　일만 잘 아는 CEO보다, 자신과 일하고 있는 사람들이 누구인지 '사람'에 대해 잘 아는 CEO가 되고 싶다는 서경배의 생각처럼 그가 인사카드 더미 속에서 보낸 일주일은 '사람'에 한 발 더 가까이 다가간 시간이었다.

" 자세히 관찰해보지 않으면
모르는 사실이 우리 주위에는
너무나 많다.
열린 마음으로 상대방의
말이나 생각에 귀를 기울여야 한다. "

PART 4

무엇을위해
살것인가

아버지와
시험공부

"이 비행기는 잠시 후 토론토 공항에 도착합니다."

도착을 알리는 승무원의 안내 방송이 나왔다.

비행기가 착륙하고, 안전벨트를 풀어도 된다는 안내가 나오자마자, 누군가가 기다렸다는 듯 짐을 챙겨 출구 바로 앞에 섰다. 서경배의 아버지인 서성환 선대회장이었다. 장시간 비행에도 그는 지친 기색이 없었다. 막 비행기를 탔을 때 그 생기 있는 표정 그대로였다.

짐을 찾고, 공항 게이트로 향하는 그의 동작은 신속했다.

게이트를 나서자마자 공중전화 박스를 찾았다.

"잘 지내고 있겠지…."

서성환은 혼잣말을 하며 어딘가로 전화를 걸었다. 신호가 대여섯 번 떨어지자, 상대방이 전화를 받았다.

"헬로우?"

"경배야, 아버지다."

"아버지!"

수화기 너머로 아버지의 목소리가 들리자 서경배가 반가워하며 말했다.

"잘 지내시죠? 건강은 괜찮으세요? 어머니는 어떠세요? 아! 그런데 거기 지금 새벽 아니에요? 한국에 무슨 일 있어요?"

서성환 회장도 반가운 듯 웃음을 머금고 답했다.

"방금 캐나다에 도착했다. 출장 때문에 왔는데, 일정이 마무리되면 네 얼굴 좀 보려고 하는데 시간 괜찮니? 캐나다랑 미국이 한 걸음 거리 아니냐."

순간 정적이 흘렀다.

"아, 아버지. 저도 아버지 뵙고 싶은데…."

서경배는 말끝을 흐렸다.

"왜? 무슨 일 있니?"

"중요한 시험을 앞두고 있어서 더 집중해서 공부해야 하
거든요. 아버지 뵈러 나가면 제가 공부를 제대로 못할 것
같아서요. 공부할 건 쌓여 있고. 죄송해요."

사실 시간 때문만은 아니었다. 아버지를 보면 다잡은 마
음이 흔들릴 것 같았다. 서성환 회장도 서경배를 이해했다.
학창 시절부터 늘 그렇게 성실한 아들이었다.

"괜찮다. 괜찮다. 공부에 방해될 수 있지. 다음에 가마. 너
무 무리하지 말고, 밥은 꼭 챙겨 먹어라. 건강이 먼저다. 이
만 끊는다."

아들이 다음 말을 잇기 전에 서성환 회장은 수화기를 내
려놓았다. 죄송한 마음이 가득할 아들을 배려한 것이다. 서
성환은 공식 업무를 하기 위해 곧바로 차에 올랐다.

캐나다 지사장이 서성환 회장을 반갑게 맞이했다.

"회장님! 먼 길 오시느라 고생 많으셨습니다. 녹차 한잔
드릴까요?"

지사장이 테이블 의자를 빼주며 말했다.

"녹차라! 좋죠!"

"비행은 괜찮았습니까?"

"저야 뭐, 이제 자주 다니다 보니 익숙해졌습니다."

"다행이네요. 먼 길 오셨는데 일정 괜찮으면 미국에 계신 아드님 얼굴도 보고 가세요. 여기서 가깝잖아요."

"이미 아들에게 물어봤습니다. 그런데 걔가 못 오게 하더라고요. 시험 기간이어서 공부할 게 쌓여 있다나. 참, 허허."

서성환 회장은 서운한 듯 얘기했지만, 입가엔 미소가 번져 있었다. 그는 아들을 마음으로 깊이 안아주며 생각했다.

'기특하다. 장하다. 고맙다. 내 아들.'

모든 것은
책 안에

"너희들은 살면서 꼭 1000권의 책을 읽어라."

교수의 말에 서경배는 깜짝 놀랐다. 대학에 입학하면 시간이 조금 더 여유로워질 거라고 생각했는데 교수는 기대와는 정반대의 말을 했다.

어린 시절부터 좋아했던 프라모델 조립이나, 레고, 음악 듣기, 시 읽기 등 입시를 위해 포기하고 접어둔 것이 많았다. 대학에 왔으니 다시 즐길 차례였다. 하지만 교수가 말한 1000권의 책을 읽으려면 온종일 책만 봐야 할 것 같았다.

질린 표정의 신입생들을 보며 교수가 웃었다.

"뭘 그리들 놀라나? 목표를 세워서 읽으면 할 수 있는데. 일단 너희들 졸업 전에 볼 교재가 100권 정도니, 900권만 읽으면 되겠네. 지금부터 1년에 30권씩 30년 동안 읽으면 된다는 거지."

워낙 책을 좋아했던 서경배는 자신이 살면서 책을 몇 권쯤 읽었는지 돌이켜보았다. 책을 제일 많이 접했던 곳, 어린 시절의 아버지 서재가 떠올랐다. 아버지의 서재에는 정말 많은 책이 있었다. 에너지를 아껴야 한다며 난방도 전혀 하지 않았던 아버지의 서재는 아무리 추운 날씨에도 꼭 들르게 되는 서경배만의 보물 창고이자, 가장 좋아하는 놀이터였다. 그곳에는 책의 종류도 분야별로 다양했다. 문학, 미술, 음악, 경영, 역사, 세계사, 전쟁사, 인류학, 화장품, 과학 등. 서경배는 그 곳에서 지성을 채우고, 미적 감각을 키우고, 전략가가 되는 법을 익혔으며, 넓고 깊은 관심사의 바탕을 만들었다.

그의 책 읽기는 한국 책에만 국한되지 않았다. 중국, 미국, 캐나다, 일본, 영국, 프랑스, 덴마크… 아버지의 서재는

거대한 세계이자, 세계를 보는 눈이 되었다.

어릴 때부터 보았던 수많은 책과 그 책들이 자신에게 얼마나 많은 것을 주었는지 돌이켜보니 1000권이라는 어마어마한 숫자가 꼭 실현하고 싶은 목표로 다가왔다. 서경배는 책을 어떻게 읽어나갈 것인지 다시 계획을 세웠다. 책을 고르는 법, 읽을 책과 안 읽을 책을 구분하는 법, 핵심 내용을 책 뒤에 메모하는 독서법 등. 그날부터 서경배는 시간이 나는 대로 책을 읽었다.

그로부터 30년이 지난 지금도 서경배는 책과 함께 있다. 회사에서도 집에서도 그가 있는 곳에는 늘 책이 있다. 어느 날은 비행기에서도 책을 읽는 그의 모습을 보며 옆자리에 앉아 있던 한 직원이 물었다.

"서경배 님은 왜 책을 읽으세요?"

"모든 것은 책 속에 있어요. 많은 사람이 책 속에 있는 이야기는 누구나 하는 이야기, 뻔한 이야기라며 책 밖에 있는 것을 하려고 해요. 그런데 책 속에 있는 대로만 해도 참 잘할 수 있거든요. 딴 거 보지 말고 책을 보면 돼요. 책을 보면

서 생각하고, 질문을 해서 완전히 내 것으로 만들고요. 가장
큰 지혜와 답은 책 속에 있어요."

그는 그렇게 책이 자신을 성장하게 하고, 책 속에서 회사
를 키운 지혜를 발견했다고 믿는다.

함께 누리는
근사한 미래

"나이스 샷!"

공이 하늘을 향해 날았다. 푸른 잔디 위로 드넓게 펼쳐진 하늘은 구름 하나 없이 청명했다.

"오늘 골프 치기 참 좋은 날씨 같은데요?"

게임은 순조롭게 풀리고 있었다. 함께 팀을 이룬 지인 중 한 명이 서경배에게 대뜸 질문을 던졌다.

"회장님, 골프장 하나 지으시지 그래요?"

"네?"

"대부분의 기업 경영인들은 다른 회사 골프장 가서 골프 치는 거 싫어한다던데요. '이런 거 내가 하나쯤은 가지고 있어야지' 하면서요. 그리고 나이가 들면 병원을 가지고 싶어 한대요."

옆에 있던 다른 사람이 말했다.

"회장님은 병원도 안 지으실 걸요. 아마 서울대학병원에 제일 많이 기부한 사람 중 한 명이 회장님일 거예요. 고려대학병원에도 어마어마하게 기부했고요. 병원 지을 생각이 있으면 기부 안 하고 벌써 지으셨겠죠."

서경배가 멋쩍어했다.

"저는 다른 회사의 골프장에 오는 게 좋은데요. 병원을 지어야겠다는 생각도 해본 적이 없어요."

함께 골프를 치고 있던 서경배의 친구가 덧붙였다.

"제가 오랫동안 지켜보니까 뭔가를 소유하겠다는 생각은 없는 것 같아요. 그런데 지금 저 속에 무언가가 분명히 있어요. 그렇지?"

그리고 얼마 후 세상에 '서경배과학재단'이 출범할 것이라는 소식이 전해졌다. 아모레퍼시픽그룹과 관련 없이, 순

수하게 우리나라 과학 발전에 보탬이 되는 연구지원사업을 한다는 취지로, 서경배가 개인 재산으로 설립한 것이다.

"이런 생각은 언제부터 하셨어요?"

재단의 발기인들끼리 모여 식사를 하던 중 누군가가 서경배에게 질문했다.

"인간의 생을 세 개로 나누어볼 때, 첫 번째는 성장의 시기, 두 번째는 활동의 시기, 세 번째는 인생의 끝을 준비하는 시기일 텐데요, 인생이라는 것은 결국 공수래공수거(空手來空手去)이기 때문에 제가 벌어놓은 돈으로 사회에 이바지해야 한다고 생각해왔습니다. 아버지의 가르침이기도 했고요."

모두가 숙연해진 듯 말이 없었다.

'저렇게 한창 열심히 사업을 하면서도 늘 인생의 끝을 염두에 두고 있었다니. 세상에 도움이 되는 일을 하겠다고 그동안 열심히 벌어온 큰돈을 쾌척하는 건 큰 깨달음이 있어야 가능한 일이야.'

모두 생각에 잠겨 있는 사이, 서경배가 다시 입을 뗐다.

"저는 초등학교 때 과학자가 되고 싶었어요. 과학이 뭔지도 잘 모르면서 과학을 연구하고 발전시켜야 한다고 생각을 했죠. 막연하게 과학이라는 분야가 참 멋있을 것 같고, 감동적일 것 같았어요. 저는 무언가를 만드는 걸 너무 좋아했고 그게 이렇게 화장품이라는 업에 자연스럽게 연결되어 왔습니다. 저는 화장품에 전념하면서, 과학은 과학을 잘할 수 있는 분들이 연구에 집중할 수 있게 환경을 뒷받침해준다면, 미래는 더 나아지지 않을까요?"

서경배는 생각했다.

'다 가질 필요 없잖아. 다 같이 누릴 수 있는 근사한 미래를 만드는 게 더 좋지.'

더 큰 의미를
구하다

"오랜만의 술자리네요."

서경배와 가까운 한 변호사가 작은 꼬치구이 집에서 마주 보고 앉아 있다. 두 사람 모두 반가운 표정이었다.

"오늘은 술 한잔하고 집까지 걸어가려고요."

서경배가 소탈한 웃음을 지으며 말했다. 점원에게 주문을 한 뒤, 변호사는 눈을 돌려 가게의 분위기를 둘러보았다. 좁은 테이블 간격, 낙서가 군데군데 있는 벽, 등받이 없는 의자, 연기로 가득 찬 실내, 시끄러운 말소리, 먼지가 낀 듯

한 노란 빛 조명. 변호사가 무슨 생각을 하고 있는지 짐작을 했다는 듯 서경배가 말을 꺼냈다.

"가게가 좀 복잡하죠? 그래도 맛있는 데예요. 예전에 우리 아이들이랑 왔었는데 다 좋아했어요. 벌써 세 번째 오네요."

노릇노릇 잘 익은 꼬치와 소주로 분위기가 무르익어갈 때쯤 서경배가 다소 무거운 표정으로 입을 뗐다.

"아버지께서 유산을 남겨주셨어요. 100억 원이 조금 안 되는 금액인데, 그 귀한 돈을 어떻게 할지 얼마 전에 형제들끼리 모여 의논을 했어요."

서경배가 말을 멈추고 술을 한잔 들이켰다가, 다시 말을 이었다.

"아버지께서 남기신 유산은 우리끼리 나눠 갖기보다 좋은 데 쓰자 그렇게 결정을 했어요. 그래서 정말 의미 있게 쓰고 싶은데 어디에 쓰면 좋을까. 요즘 그 고민을 하고 있어요."

회사에는 이미 재단이 세 개나 있었다. 그쪽으로 유산을 전달하지 않은 것은 그 돈을 더 필요로 하는 곳, 반드시 필

요한 곳에 주고 싶어서라고 변호사는 생각했다.

'유산을 더 의미 있게 쓸 수 있는 곳…'

함께 고민하던 변호사가 술자리가 끝날 때쯤 서경배에게 말했다.

"희망가게라는 것을 하려는 곳이 있어요. 한부모 여성 가장을 돕자는 취지로 만들어진 건데 여성 가장으로 살면서 아이들 돌보고 일까지 하는 게 쉽지 않잖아요. 일하는 동안에는 아이들도 엄마와 떨어져 있어야 하고. 그들이 직접 창업을 해서 자립할 수 있게 도와주는 거라, 의미는 참 좋은데 거기도 이제 시작하는 단계라 경제적으로 어려움이 있는 것 같더라고요."

서경배는 시끄러운 가게 분위기 속에서도 한 마디 한 마디 변호사의 말에 귀를 기울여 들었다. 희망가게의 취지를 들은 서경배는 아버지가 남긴 귀한 유산을 잘 쓸 수 있는 곳이라고 생각했다. 여성과 아이들을 위한 복지는 아버지가 늘 각별히 생각했던 부분이기 때문이다. 서경배는 깊은 고민을 했고, 주변에 충분히 의논도 해보았다. 결국 그는 아버지의 유산에 자신의 사재까지 보태서 조용히 기부했다. 좋은 일에 쓰이면 그것으로 된 것이라고 생각할 뿐이었다.

사람의 인생을
아름답게

연구원들과 회의가 마무리되어갈 즈음, 서경배의 비서가
노크를 했다.

"곧 다음 일정 있습니다."

서경배가 비서를 향해 알았다는 듯 고개를 끄덕였다.

"아니, 아까 공항에서 바로 회사로 오셨다면서요? 점심도
못 드셨다면서 또 바로 회의가 있어요?"

"네. 그래도 이렇게 될 줄 알고 아까 중국에서 아침밥을
든든히 먹고 왔어요."

연구소의 임원이 서경배를 걱정했다.

"건강 좀 생각하세요. 이렇게 달리시면 큰일 나요."

서경배는 그를 향해 괜찮다는 듯한 표정으로 웃어 보이며 말했다.

"선장이 편한 대로만 할 수 있나요. 어차피 한 번 태어나면 언젠가 다 떠나잖아요. 한 번 사는 인생인데 사는 동안에는 제 역할, 제 할 일 잘해야죠."

바쁜 걸음으로 문밖을 나가는 서경배를 보며 누군가가 말했다.

"서경배 님 보면서 남들은 다 가진 사람이라고 편안할 거라고 말하는데 그 자리가 얼마나 무겁겠어요. 아무나 쉽게 해낼 수 있는 일은 아닌 것 같아요."

누군가 그 말을 이어받았다.

"그런 게 소명의식이지. 집념. 우리보다 큰 그림이 있으니까, 그 꿈이 강하니까 이렇게 버티고, 이렇게 해내시는 거겠죠."

밤 열 시, 눈코 뜰 새 없이 바빴던 일과가 모두 끝났다. 서경배는 서가에서 책 한 권을 꺼내 책상에 앉았다. 근래의

자신의 모습을 떠올렸다. 퇴근 이후에는 사람들과의 만남, 짬이 날 때마다 독서, 한 달에 몇 번씩이나 가는 해외 출장, 공항에서 바로 회사로 복귀, 역사 기행, 전문가와 함께하는 공부 모임, 주말에도 잦은 출근, 부서별 회의, 주주총회, 미술관 방문…. 스스로 생각하기에도 너무 바쁜 하루하루를 보내고 있었다.

서경배가 수첩을 꺼내 네 글자의 한자를 썼다.

順天休命(순천휴명).

'순리를 따라서 자신의 삶을 즐긴다'라는 뜻을 마음에 새기며 서경배는 생각했다. 왜 그렇게 자신을 혹독하게 밀어붙이며 살아가느냐고 누군가가 묻는다면 내가 받은 하늘의 명은 사람들의 인생을 아름답게 하는 것인 '미화인생(美化人生)'이라고 말할 것이고, 그래서 난 아름다움을 창조하기 위해 호기심 가득한 삶을 계속해서 살아갈 것이라고.

서경배는 온화한 표정을 지으며 침실로 들어갔다. 오늘 하루를 잘 보냈다고 스스로 격려하는 듯한 뒷모습이었다.

치열하게
오뚝이처럼

"수고 많으셨습니다."

기자가 녹음기를 껐다. 서경배도 수첩과 펜을 챙기고 있었다.

"저어⋯ 회장님. 혹시 제가 개인적인 질문 하나 드려도 될까요?"

"그럼요. 얼마든지요. 인터뷰가 조금 빨리 끝났으니 시간 괜찮습니다."

서경배가 온화한 미소로 답했다.

"저는 초등학생 아이 둘을 둔 엄마예요. 회장님이 생각하기에 10년 후 우리나라에서 가장 유망한 산업 분야나 직종은 무엇이라고 보세요? 제 아이들이 10년 후에 조금 더 안정적인 직업을 가졌으면 해서요."

기자는 질문을 마치고 기대감이 가득한 눈빛으로 서경배의 대답을 기다렸다.

"음… 성공하는 분야가 따로 있는 게 아니라, 누구든지 각자의 분야에서 치열하게 고민하면 된다고 생각해요. 제가 어렸을 때는 화장품 산업에 대한 인식이 그렇게 좋지 않았어요. 그걸로 무슨 큰돈을 벌겠냐, 사업을 얼마나 키울 수 있겠냐, 반도체, 철강, 자동차 이런 걸 하면 돈을 잘 벌 거라고 많이들 말했죠. 그런데 화장품으로도 사업이 확장되고 세계로 뻗어 나가잖아요. 한 분야를 깊이 있게 파다 보면 길이 보이는 거죠."

물을 한 잔 마신 후, 서경배가 답변을 계속 이어나갔다.

"예전에는 화장품에 스킨, 로션만 있었는데 이제 다양한 제품, 다양한 성분, 다양한 브랜드로 만들어지니까 사람들이 감동을 해요. 화장품이라는 것에서 멈추는 것이 아니라 아름다움을 창조한다는 큰 범위 안에서 하다 보니까 커진 것이거든요. 그래서 분야나 직종을 보고 직업을 고르기보다 자제분들이 좋아하는 걸 찾게 하고, 그것을 계속할 수 있게 해주세요. 자기 분야에서 치열하게 고민할 수 있게 도와주시면 좋을 것 같습니다. 엄청난 경쟁력이 생길 거예요. 결론은 아이가 좋아하는 일을 하면 됩니다.”

기자가 고개를 끄덕였다. 삶에 대해 치열하게 고민해본 사람만이 할 수 있는 이야기였다.

“듣고 보니 제가 생각하기에도 젊은이들이 사회에서 어느 정도 역할을 하려면 조금 해보고는 '안 돼'라고 말하면서 제자리에서 맴돌기보다, 자기 분야에서 치열한 고민을 해야 하는 것 같아요. 패자부활전이 없는 시대라고들 말하지만, 자신만의 분야에서 치열하게 고민해본 사람은 얼마든지 오뚝이처럼 일어날 수 있지 않을까 싶네요.”

질문을 한 사람도 자극이 되는 답변이었지만, 서경배 스스로에게도 자극이 되는 질문이었다. 화장품에 대해, 어떻게 사업을 해나가야 할 것인가에 대해 넓고 깊은 고민을 해왔던 날들을 돌이켜보며, 앞으로도 변함 없이 아름다움을 창조하는 이 길을 묵묵히 가야겠다고 그는 다시 다짐했다.

> 더 큰 성공을 이루기 위해서는
> 항상 절실한 갈망을 품고 집요하고
> 우직한 자세로 일해나가야 한다.

그 밖의
이야기

서경배와 시간을 보낸 사람들을 만나
그의 이야기를 모으면서
공통적으로 이런 질문을 던졌습니다.

"서경배 님을 한마디로 정의한다면요?"

어느 한 사람에게도 같은 답변이
나오지 않았습니다.
집념의 은둔자, 학습자, 상인, 포털 같은 사람 등
정의는 다양했습니다.

하지만 그 안에는 여전히 하나의 메시지가
담겨 있었습니다.

'항상 꿈꾸며 호기심을 놓치지 않는 사람'

—— 그를 한마디로 표현하면, 예술가적 기질을 가지고 있
는 '상인'이에요. 우리나라 기업이 2세, 3세로 넘어오면서
제일 큰 문제가 상인정신을 잃어버리고 귀족이 되는 거죠.
상인은 호기심이 많고, 소비자 동향에 민감하고, 새로운 세
상을 알려고 끊임없이 노력하죠. 굉장히 부지런해야 해요.
그런데 이 사람은 스스로 상인이라고 생각해요. 그래서 20
년 가까이 아모레퍼시픽 학술재단에서 개성상인에 대한 연
구도 하고 있죠. 그가 개성상인의 후예잖아요.

―― '학습자'예요. 음악, 미술, 역사 모두 준전문가라고 말해도 될 정도로 많이 알고 계세요. 화장품은 문화 상품이거든요. 그래서 그분의 이런 지식이 지금의 아모레퍼시픽을 만드는 데 큰 도움이 되었다고 봐요.

―― 그분을 보고 깨달은 게 팔랑 귀와 열린 마음은 종이 한 장 차이라는 것. 폐쇄적인 마음과 전문성도 마찬가지인 것 같아요. 무언가에 대해 어느 정도 알게 되면, 다른 말은 잘 안 듣잖아요. 새로운 게 나온다 싶으면 사람들은 또 우왕좌왕 쫓아가기 바쁘고, 그러다가 실패하는 거죠. 그분도 실패하기는 해요. 그래도 아무것이나 시도하지 않아요. 열린 마음으로 듣고, 중심을 지키되 필요한 새로운 시도들을 선택해서 계속하는 거죠.

―― '장인'이에요. 장인의식이 강해요. 어떻게 보면 아날로그적 사고방식이라고 할 수도 있겠지만, 이 시대에서 우리가 놓치고 있는 부분이 아닌가 싶어요. 그는 그런 의식이

있었기 때문에 성공한 거죠.

—— 사람들이 그처럼 살았으면 좋겠어요. 많은 사람이 '이상'에 대해 이야기하잖아요. 그 이상은 대부분 '말뿐인 이상'이에요. 그런데 그분은 그걸 삶 속으로 몰고 가죠. 꿈만이 아니라. 본인이 할 수 있는 부분에 대해서는 노력하고 실천해서 이루어내요.

—— 세속에 물들지 않고 바른 길로 가는 분이에요. 화장품 산업이 옛날에는 각광받는 산업이 아니었거든요. 그런데 이걸 바이오 산업군으로 성장시켰잖아요. 아마 '세계 몇 대 부자가 되어야지' 하는 마음이었다면 아모레퍼시픽이 그렇게 크지 못했을 거예요. 부자가 아니라, '큰 회사, 좋은 회사' 이런 생각을 갖고 있는 거죠.

—— 이야기를 나누다 보면 독서량이 많고, 학습량이 많다

는 생각이 저절로 드는데, 어떤 때는 계속 듣기만 해요. 그
래서 아무것도 모른다고 생각할 수 있는데, 다 아시면서 듣
는 거예요. 이야기가 다 끝나면 그때 자기 의견 얘기하시고.
서경배 님은 '참 잘 듣는' 사람이에요.

—— 사회 지위에 맞지 않을 정도로 순수한 분이에요. 세
상을 바라보는 관점, 업에 대한 관점 이런 것들이요. 지금
회자되고 있는 그분의 재산 같은 건 결과적으로 나온 것뿐
이에요. 순수함이 있는 집념과 열정이 오늘날을 만들어낸
거라고 봐요.

—— 그는 '집념의 은둔자'예요. 집념이 굉장히 강하죠. 삶
에 대해서도 굉장히 진지해요. 그 안에는 꿈이 있고, 그게
곧 소명으로 이어지죠. 세계 모든 사람들의 핸드백에 아모
레퍼시픽의 립스틱이 있었으면 좋겠다는 게 얼마나 구체적
인 꿈이에요?

—— '포털(Portal)'같은 사람이라고 생각해요. 다 받아들여서 자신 안에 담아낼 수 있는 사람. 많은 사람들이 다른 사람, 다른 의견을 잘 못 받아들여요. 그런데 이분은 일단 다 받아들여요. 그리고 중심을 지키면서 새로운 시도를 하면서 내 것으로 만들어요.

—— 한마디로 정의하기 어려운 것 같아요. 단편적으로 화장품만 공부하셨으면 지금과 같은 성과는 못 냈을 것 같아요. 서경배 님이 품고 있는 다양한 분야에 대한 호기심과 화장품이라는 업에 대한 근본적인 관심과 집념이 응집되어서 발현된 거죠.

너의 노래를
불러라

서경배 님은 우리에게 기꺼이 많은 이야기를 해주었습니다. 한 기업의 회장에게 갖게 되는 선입견과 어려움을 전혀 느끼지 못했을 정도로 그는 사소한 이야기에도 잘 웃고, 대화 중간에는 음식을 직접 챙겨주는 자상함까지 보였습니다.

첫 만남이 있고 나서 일주일 후에는 대화 중 이야기했던 책을 직접 보내주었죠. 주변 사람을 참 편안하고 따뜻하게 대해주는 사람이라고 느꼈습니다.

이 책을 쓰는 동안 가장 많이 신경을 쓴 부분은, '있는 그대로 보여주자'였습니다. 실제로 우리에게 서경배 님과의 일화를 들려준 분들도 "포장하지 말아주세요. 있는 그대로 보여도 충분한 사람이니까요"라고 당부했습니다. 그래서 우리는 그를 '어떤 사람이다'라고 정의 내리고 싶지 않았습니다. 그의 삶의 발자취에 담긴 여러 이야기를 통해 서경배 님의 '삶의 방식'을 자연스럽게 느끼게 되길 바랐습니다.

서경배 님과의 만남이 끝나갈 무렵, 독자들에게 꼭 전하고 싶은 말이 있는지 그에게 물었습니다. 그는 한 편의 시를 소개하며 이렇게 대답했습니다.

"너의 노래를 불러라. 누구보다 청년들에게 해주고 싶은 말이기도 합니다. 원하는 것이 있다면 깊게 한 번 몰두해보세요. 그것이 지난 25년 동안 한결같았던 제 생각입니다. 어린 시절이나 지금이나 저는 변한 게 없어요. 여전히 호기심이 많고, 계속 내가 갈 길에 대해 생각해요. 이 시대의 청춘들이 자신의 노래를 부르길 바랍니다. 그 노래는 자신 안에 있어요."

나는 나 자신을 찬미하고, 내 자신을 노래한다

내가 그렇게 여기듯 당신도 아마 그러할 것이고

나에게 속해 있는 원자들은 당신에게도 속할 것이니

나는 여유롭게 휴식하며 나의 영혼을 초대하고

편안히 몸을 기대어 여름의 풀잎을 관찰한다

나의 혀, 내 몸 속을 흐르는 모든 원자들은

이 흙과 이 공기에서 생겨났으며

내가 이곳에 있는 것은 나의 부모로부터 태어났기 때문이다

또한 나의 부모도 그 부모에게서

그리고 그분들은 또 그 부모로부터 태어났다

이제 나는, 서른일곱의 온전한 건강함으로 시작한다

죽는 날까지 스스로 멈추지 않기를 바라며

─월트 휘트먼, 〈나 자신의 노래(*Song of myself*)〉에서

그리하여 우리는 마지막으로 이 시를 당신에게 보냅니다.

부록

모든 답은
책 속에 있다

서경배의 독서 이야기

—

: 책에 즐겨 쓰는 글(3개국어)

- 높이 나는 새가 멀리 본다.

- Plain living, high thinking(생활은 단순하게, 생각은 높게)

- 精進(정진)

: 독서에 대한 철학

책 한 권은 거대한 모자이크를 구성하는 돌 하나와 같다고

생각합니다. 제게 독서란 무엇을 그릴까 정하고, 거기에 필요한 돌을 하나씩 채워나가는 과정입니다. 제가 생각하는 것을 하나씩 채워가면서 큰 그림을 완성해나가는 것이지요.

제가 그리고 싶은 큰 그림은 큰 나무입니다. 나무는 기둥과 뿌리, 가지와 잎, 꽃과 열매가 있습니다. 제 나무의 기둥은 경영에 대한 책입니다. 저와 한시도 떨어져 있지 않은 영역이라 늘 궁금한 것이 많은 분야이기도 하고, 제가 제대로 하고 싶은 일이기도 하니까요. 나무의 뿌리는 역사와 종교, 잎사귀와 가지는 미술과 건축, 꽃과 열매는 순수 문학과 철학 분야 책이 채워줍니다.

경영을 하면서도 계속해서 경제경영서를 독서의 중심에 두고 있는 이유는, 경영을 위해선 이론과 실무 모두 갖추고 있어야 한다고 생각하기 때문입니다. 책을 통해 새로운 이론들을 계속해서 받아들이고 실무적 노하우와 돌파력, 의지, 그리고 공감이 어우러져야 경영의 힘이 제대로 발휘됩니다.

: 좋은 책을 접하는 방법

첫째, 책을 많이 읽는 사람과 친하게 지냅니다. 책을 좋아하는 사람끼리의 대화에서는 최근에 읽은 좋은 책 추천이 빠지지 않습니다. 책 취향과 관심사가 맞는 지인에게 추천받으면 좋은 책을 만날 확률이 높아집니다.

둘째, 주말 일간지에 실리는 책 서평 기사를 꼼꼼히 읽습니다. 저는 주말 책 서평 기사는 무조건 구석구석 훑어보고 마음에 드는 책을 구입합니다.

셋째, 그 과정에서 정말 좋은 책을 만나면 그 저자의 모든 책을 구입해 읽습니다.

: 나의 독서법

저는 책을 그냥 눈으로 읽고 덮는 데서 끝내지 않습니다. 책 내용을 한쪽에 쭉 정리해 쓰고, 즉시 실천해야 할 것을 또 한 쪽 옆에 씁니다. 즉 트리를 만들어서 배치하고, 분리해 적으며 읽어나갑니다. 읽으며 적어야 놓치는 부분이 없습니다. 다 읽고 적으려면 놓치는 부분이 생기게 마련입니다. 제가 읽은 모든 책들은 이런 방식으로 요약, 정리되어 있습니다.

책을 한 권 읽는 데는 다섯 시간 정도 걸립니다. 출장 갈 때 비행기에서 독파하는 편이죠. 대학 시절 교수님 말씀을 듣고 평생 1000권의 책을 읽겠노라는 독서 목표를 세웠습니다. 엄

청 큰 목표처럼 들리겠지만, 대학생 때 100권 정도를 읽으면 졸업 후에 900권, 1년에 30권씩 30년이면 1000권의 책을 읽을 수 있습니다.

책을 혼자 읽는 데 그치지 않고 '이 책을 읽으면 도움이 되겠다' 하는 생각이 들며 누군가 떠오르면 책을 좀 더 주문해서 선물하곤 합니다. 함께 읽고, 나눠 읽으면 더 가치가 생기니까요.

함께 읽고 싶은 책
분야별 추천도서 목록

순수 문학

《어린 왕자》_ 생텍쥐페리

꿈이 담겨 있어서 좋은 책.

유치환 시집과 다른 시집들

시집은 늘 구입하여 읽습니다. 그중 가장 좋아하는 시인은 유치환. 유치환 시인의 시는 강한 의지력이 느껴져서 좋습니다. 학창 시절 교과서를 통해 접한 〈바위〉, 〈깃발〉과 더불어 가장 좋아하는 시는 〈뜨거운 노래는 땅이 묻는다〉입니다. 그 외 윤동주, 서정주, 보들레르도 좋아합니다. 요즘에는 월트 휘트먼의 시 〈나 자신의 노래(*Song of Myself*)〉를 가장 즐겨 읽습니다.

미술

《파워 오브 아트》_ 사이먼 샤마

미술은 아는 만큼 보이는 분야입니다. 미술 관련 도서를 여러 권 읽은 뒤 작품을 보면 이해가 훨씬 쉬워집니다. 《파워 오브 아트》는 제가 읽은 미술 서적 중에서 미술을 이해하는 데 가장 인상적이었으며, 권할 만한 책입니다.

그 외 전시를 많이 찾아보고, 해당 전시의 도록을 보면 좋습니다. 다른 분야도 마찬가지이지만 미술은 상당히 주관적인 분야라 취향에 맞춰서 시작하면 됩니다.

음악

《굴드의 피아노》_ 케이티 해프너

피아니스트 글렌 굴드가 사랑한 단 한 대의 피아노와 그에 얽힌 이야기들이 다큐멘터리처럼 담긴 책입니다. 굴드의 예술세계를 탄생시킨 과정, 단 하나의 소리를 끈질기게 찾아낸

굴드의 이야기가 드라마틱합니다. 대학 시절 굴드에 열광했다 잠시 잊고 있었는데, 이 책을 읽고 30년 만에 글렌 굴드를 다시 만나게 되었습니다.

건축

사람이 건물을 짓지만 건물이 사람의 삶에 영향을 미칩니다.

바우하우스 관련 도서들

건축은 처음 책으로 접하는 것이 어려울 수 있습니다. 도록을 한두 권 사서 보거나 사진 위주로 읽어보다가 흥미 있는 건축물이 생기면 점점 깊이 들어가는 것이 좋습니다. 바우하우스 관련 책들은 제 건축 입문서였습니다. 바우하우스에 대한 책은 굉장히 다양하게 나와 있어서 여러 권 읽었습니다. 저 역시 그에 감흥을 받아 1993년 아모레퍼시픽 인력개발원을 설계할 때 바우하우스를 참고해서 건축 방향을 잡았고 그 결과 연구동과 강의동, 연결동 등으로 건물을 설계하였습니다.

그 외 김종규 교수의 소개로 건축가 알바로 시자를 알게 된 뒤 그에 관한 책을 여러 권 읽었고, 또한 알바로 시자에게 영향을 받은 다른 건축가들의 책도 찾아보고 탐구하게 되었습니다.

여행

《송동훈의 그랜드투어》_ 송동훈

여행도 아는 만큼 보이는 분야입니다. 이 책은 유럽과 지중해의, 많은 사람들이 찾는 여행지에 얽힌 역사를 큰 그림에서 보여줍니다. 이 책을 읽고 여행을 떠나면 눈으로 보고 지나치는 여행이 아니라 세계사가 눈앞에 펼쳐지는 놀라운 경험을 할 수 있습니다.

종교

종교 분야는 어느 하나에 갇히기 싫어 골고루 찾아 읽습니다.

스킨, 로션, 에센스, 크림 모두 필요하듯이, 불교를 통해서 자비를 배우고, 기독교를 통해 사랑에 대해 다시금 생각합니다. 이슬람으로는 평화와 우애, 유교로는 사람과 사람에 대한 관계를 헤아려보게 됩니다.

《싯다르타》_ 헤르만 헤세

싯다르타의 삶과 사상을 함께 따라가다 보면 불교를 한눈에 이해할 수 있습니다.

《마호메트 평전》_ 카렌 암스트롱

이슬람을 이해하기 좋은 책입니다. 기독교와 이슬람 양쪽에서 모두 '최고의 명저', '올해의 책' 상을 받은 책입니다. 책의 저자는 종교학자인 카렌 암스트롱으로, 기독교, 불교, 이슬람교 등에 대해 여러 권의 책을 집필했습니다. 가장 균형 잡힌 시각을 가지고 있는 학자라고 생각합니다.

《젤롯》_ 레자 아슬란

초기 기독교에 대한 책입니다. 이슬람인 종교학자인 레자 아슬란이 집필한 책으로, 출간 초기 논란이 일기도 했습니다.

기독교에 대한 다양한 시각, 새로운 관점을 제시하는 책으로
재미있게 쓰여 있어 독서하는 동안 꽤 흥미로웠습니다.

동양 고전

《논어강설》_ 이기동 역해

대학생 때 가장 재미있게 읽은 책입니다. 그 당시에 읽은 책
은 을유문화사 발행본이었는데, 이기동 역해를 추천합니다.
《논어》의 핵심인 인(仁)은 두 사람으로 이뤄진 글자입니다.
즉 사람과 사람 사이의 예절에 대해 기술한 책으로, 그 원리
를 이해하면 상대방과의 관계를 이해하는 데 도움이 됩니다.

《장자》_ 오강남 편역

가끔 답이 없고 절망스러울 때 읽으면 마음이 편해집니다.

《주역》_ 이기동 역해

주역은 순환에 대한 이야기로, 세상 모든 이치를 순환으로 설
명합니다. 대학생 때는 이해가 되지 않았는데, 쉰 살이 넘어

서 읽으니 이제 읽을 만하다는 생각이 듭니다.

자기계발

《나는 왜 이 일을 하는가》_ 사이먼 사이넥

'무엇을 하면서 살아야 할 것인가'에 대해 쉽게 쓴 책. 사이먼 사이넥을 유명 작가 반열에 올린 히트작이기도 합니다. '내가 좋아하는 것, 나에게 의미 있는 일을 하라'는 메시지를 전합니다. 남의 기준을 따르기보다는 각자의 기준을 가지고 살아야 한다, 인생을 성공한 사람들은 왜 성공했고, 왜 그 일을 했는가에 대해 생각하게 합니다. 남의 출세, 부, 업적을 무작정 따라가기보다 '왜'라는 질문으로 시작하고 그것을 이뤄나가라고 독려하는 책입니다.

《열정과 기질》_ 하워드 가드너

자신의 강점 지능을 더욱 부각시키는 방법에 대해 생각해볼 수 있는 책입니다. 어떤 부분에 집중해야 원하는 것을 가질 수 있는지 알 수 있습니다.《나는 왜 이 일을 하는가》로 스스로를 다잡고 《열정과 기질》로 조금 깊이 있게 들어가면 좋을 듯합니다.

경영학

제 독서의 기둥이라고 할 정도로 경영학 분야 책을 많이 읽습니다. 아버지가 존경하던 마쓰시타 고노스케의 책을 대학생 때 20권 정도 읽었고, 이나모리 가즈오 책도 10권 정도 읽었는데 권할 만합니다.

《경영학의 진리체계》_ 윤석철

윤석철 교수님 책은 전부 다 읽었습니다. 한국 경영학자의 글 중 단연 탁월한 저술이라 가장 좋아합니다. 이 책은 경영학 전체를 이해하는 데 도움이 됩니다.

《편집광만이 살아남는다》_ 앤드류 그로브

인텔의 최고경영자였던 앤드류 그로브가 쓴 책으로, 가장 좋아하는 책입니다. 할 거면 목숨을 걸고 해라, 오로지 목숨을 걸어야 한다는 생각을 하게 한 책입니다.

《GE혁명 당신의 운명을 지배하라》_ 노엘 티키, 스트랫포드 셔먼

GE의 CEO인 잭 웰치에 관한 책으로, 앞 책과 마찬가지로 원제 'Control your destiny or Someone else will'부터가 정말 좋습니다. '항상 당신 스스로 결정하라. 당신의 운명 역시도.'

《깨끗한 속옷을 입어라》_ 론다 에이브럼스

앞의 두 권의 책과 함께, 가장 어려웠던 시기에 읽고 감동했던 책 중 하나입니다. 출간된 지 20년쯤 지난 책으로, 이미 절판된 책을 지난여름 다시 찍어서 직접 쓴 편지와 함께 직원들에게 한 권씩 나눠주기도 했습니다. 1995년 출간된 데이비드 암스트롱의 《이야기 경영》도 이 책만큼 재미있는데, 두 책 모두 리더들이 살아가면서 어떠한 상황이 닥쳤을 때 어떻게 대처해야 하는가에 대해 알려줍니다. '친구가 뛰어내린다고 당신도 뛰어내리겠는가?' '보이지 않는다고 속옷을 갈아입지 않으면 교통사고라도 나서 옷을 벗어야 할 때 난감할 수 있다.' 등 쉬운 사례를 들어 리더로서 갖춰야 할 판단력에 대해 짚어주는 책입니다.

《수익지대》_ 에이드리언 J. 슬라이워츠키 외

에이드리언 슬라이워츠키 역시 좋아하는 작가로 여러 권의 책을 찾아 읽었습니다. 이 책은 수익성 있는 성장을 해야 하며, 그러려면 자신이 잘할 수 있는 것을 찾아 확실하게 깊이 파야 한다고 말합니다. 다른 사람이 잘하는 걸 무작정 따라한다고 해서 모두 잘되는 것은 아니기 때문에 무작정 남을 따라하기보다 스스로가 주인이 될 수 있는 곳을 찾아가야 한다는 것을 되새기게 해준 책입니다.

《좋은 기업을 넘어 위대한 기업으로》_ 짐 콜린스

짐 콜린스의 책을 늘 재미있게 읽고 있습니다. 그의 책은 거의 모두 읽었는데 그중에서도 《좋은 기업을 넘어 위대한 기업으로》는 경영의 바이블과 같다고 생각합니다.

《코아·컴피턴스 경영혁명》_ 게리 해멀

'핵심 역량' '핵심 능력' 등의 이론을 정리한 게리 해멀의 책 역시 출간되는 대로 구입해 읽습니다. 도서 외에도 〈하버드 비지니스 리뷰〉에 기고하는 칼럼은 거의 찾아 읽습니다.

요즘은 '양손경영' 쪽으로 경영 이념이 이동하면서 한 손으로는 핵심 역량을 확보하고 다른 한 손은 새로운 것을 탐색해야 한다는 시각으로 움직이고 있습니다.

《문학에서 배우는 리더의 통찰력》_ 제임스 마치

스탠포드대학교 교수인 제임스 마치는 국내에는 많이 소개되지 않았지만 논문들까지 찾아 볼 정도로 즐겨 읽습니다. 원제가 'On Leadership'인 이 책은 셰익스피어의 《오셀로》, 버나드 쇼의 《성녀 잔 다르크》, 톨스토이의 《전쟁과 평화》, 세르반테스의 《돈키호테》 등 우리에게 잘 알려진 문학 고전을 통해 리더십의 유형을 분석하고 리더의 역할이 무엇인지 이야기해줍니다.

《핵심에 집중하라》_ 크리스 주크, 제임스 앨런

좋아하는 작가인 크리스 주크의 저서 중에서 가장 재미있게 읽은 책입니다. 《핵심을 확장하라》와 《멈추지 않는 기업》, 《창업자 정신》도 흥미롭게 읽었습니다.

《경쟁의 종말》_ 제임스 F. 무어

1998년도에 나온 책으로, 제목만 보면 선입견을 가질 수 있겠지만 공진화에 대한 책입니다. 함께 변화하고 진화함으로써 좋은 생태계를 만들어야만 함께 발전할 수 있다는 메시지를 담고 있습니다.

역사

이순신 관련 서적

제 뿌리는 역사입니다. 그중에서도 가장 좋아하는 주제는 이순신입니다. 이순신과 관련된 것은 전부 좋아해서, 역사서뿐 아니라 김훈의 《칼의 노래》를 비롯한 소설, 글, 심지어 육군 사관학교 교본들도 구해 읽었습니다. 최근에 아주 감명 깊게 읽은 책은 송복 해설의 징비록,《류성룡, 나라를 다시 만들 때가 되었나이다》입니다. 이순신의 해전 기술은 수적으로 우세할 때 싸우는 법, 수적으로 열세일 때 싸우는 법, 기습의 중요성, 첨단 무기 사용 등 모두를 포괄합니다. 그는 엔지니어적 마인드와 전쟁 작전가로서의 전문성, 사람을 응집시키고 감동시켜 움직이는 힘과 리더십 모두를 갖춘, 존재하기 어려운 인간 중 한 사람입니다. 외국산 화장품에 밀려 붕괴 직전까지 갔던 한국의 화장품 산업이 되살아난 데는 그분의 기운이 더해졌기 때문이라고 생각합니다.

《제국을 설계한 사람들》_ 폴 케네디

미국 역사학자인 폴 케네디의 책으로 세계사의 큰 흐름을 새로운 시각으로 읽을 수 있습니다. 이 책은 특히 겉으로 드러나지 않고, 보이지 않는 곳에서 묵묵히 역할을 하는 과학자들에 대해 많은 생각을 하고 존경심을 가지게 해준 책입니다.

《제국의 미래》_ 에이미 추아

역사와 정세를 재미있게 풀어나간 책입니다. 역사 속에 등장했다가 사라진 제국들, 현재 강대국들, 앞으로 강대국이 되고자 부상하고 있는 국가들에 대해 다룬 책입니다.

《정관정요》_ 오긍

학생 시절 가장 감명 깊게 읽은 책입니다. 당나라의 기틀을 만든 당 태종은 성당을 연 무측천과 더불어 가장 인상적인 중국 지도자입니다. 이 책은 당 태종의 치세 동안 정치 토론을 기록한 책으로 잘못된 기득권 세력을 어떻게 정리하느냐가 역사의 흥망을 바꾼다는 것을 이야기합니다.

《오랑캐 홍타이지 천하를 얻다》_ 장한식

청나라 두 번째 왕 홍타이지에 대한 책입니다. 아버지 누르하치는 여진을 통일했고, 홍타이지는 초원을 통일해 천하를 도모했습니다. 나라를 설계하고 정권의 아이덴티티를 만들어낸 위대한 결정에 대한 책으로, 새로운 이야기들을 접할 수 있고 정말 재미있습니다.

《청나라 키메라의 제국》_ 구범진

역시 청나라에 대한 책입니다. 만주의 작은 집단에서 시작해 거대한 제국으로 성장한 청나라에 대해 제대로 알려줍니다. 이 책은 꼭 읽어보길 권합니다.

《장거정 평전》_ 주동륜

중국 명나라 말기, 무너져가던 왕조를 성공적으로 개혁하기 위해 몸부림쳤던 장거정에 관한 책입니다. 이 책은 중국 전문가인 이화승 교수의 번역본을 추천하는데, 아쉽게도 절판되었습니다. 하여 남은 책을 모두 구입하기도 했을 만큼 아끼는 책입니다.

《백범일지》_ 김구

강한 나라도, 부강한 나라도 아닌 문화대국을 건설하자는 '문화국가론'에 공감한 책입니다. 결국 우리가 나아가야 할 방향은 힘에 의한 국가가 아니라 문화에 의한 국가라는 생각을 갖게 되었습니다.

《유라시아 견문》_ 이병한

최근 출간된 역사, 견문 책으로 가장 권할 만한 책입니다. 우리는 아시아인이다, 아시아인으로서 우리가 좀 더 우리 자신을 이해하자, 자기 자신을 무엇으로 바라보는가가 중요하다는 것을 말합니다. 그냥 한반도인으로 볼 것인가, 한반도인이면서 아시아인일 것인가를 고민하고 좀 더 넓은 세계를 바라봐야 한다는 생각을 가지게 해줍니다.

멀리 보려면 높이 날아라

1판 1쇄 발행 2017년 2월 28일
1판 2쇄 발행 2017년 3월 27일

지은이 윤정연, 정지현
기획 Now & New
아트디렉팅 ICGROUP | **일러스트** 김연이

발행인 양원석
본부장 김순미
편집장 최두은
디자인 RHK 디자인연구소 남미현, 마가림, 김미선
해외저작권 황지현
제작 문태일
영업마케팅 최창규, 김용환, 이영인, 정주호, 박민범, 이선미, 이규진, 김보영

펴낸 곳 ㈜알에이치코리아
주소 서울시 금천구 가산디지털2로 53, 20층 (가산동, 한라시그마밸리)
편집문의 02-6443-8844 **구입문의** 02-6443-8838
홈페이지 http://rhk.co.kr
등록 2004년 1월 15일 제2-3726호

ISBN 978-89-255-6116-5 (03320)